地球はもちつもたれつ

舩越　博

大学教育出版

はしがき

資源小国、軍事小国、極東の島国の日本。私達がこの条件の下で生きてゆくためには何よりも平和が大事である。平和で一番トクをするのは実は我々日本人なのである。

紛争の種は事前に予防的に摘み取って置かねばならない。ボヤが大火にならないようにするためには「火の用心」が欠かせない。

紛争や戦争は「人の心の中」で起こる。したがって、「人の心の中に砦」を築かねばならない。そのために必要であればどんな犠牲も厭うべきではない。世界には沢山の国や人々がいる。それぞれ文化や歴史や思想が異なっている。

まずは相手の気持ちや考え方を知ることから対話が成立し、友情が生まれ、平和の実がなる。「知ることは超えることである」という格言がある。

この視点に立ち、TVタレントで活躍中のサンコンさんが一番好きだという日本語の「もちつもたれつ」を本著のタイトルに使うことにした。

内容は平和や異文化、五大陸の事情、女性の力、グローバリゼーションの是非、情本主義の意義、目標としての地球村の建設と随分と欲張ってみた。若い世代や女性層をターゲットにしたつもりだが将来もっと内容を改善し、充実させてゆきたいと考えている。

二〇〇七年三月

船越　博

地球はもちつもたれつ　＊目次

地球はもちつもたれつ

第一章　平和への熱き思い

一　平和の有難さ（図1―1）（図1―2）

世の中には失って初めて、その有り難さを身にしみて感じるものが多い。空気や水がよい例である。また、「平和」も同じである。毎日が平凡でも日本はとにかく平和である。外国からの攻撃も無いし、治安も世界トップクラスである。「平和」が無ければ資源小国で軍事小国の日本は生きてゆけない。日本の繁栄と安定は「平和」があればこそ可能なのだ。「平和」が無ければ「美しい国」は天空の虹に過ぎない。逆に「平和」で一番得をするのも日本なのだ。

この貴重な「平和」を日本は第二次世界大戦後、六二年間も享受している。つまり、「平和の配当」の最大の受益者である。これは賢明また幸運な航路を選択していたことになる。

では他国が羨むこの順風漫歩の切符を私達はどうやって手に入れたのだろうか？　棚ぼた式に突然神

図１－１　パールハーバー
出所：「真珠湾攻撃」淵田美津雄著、河出書房

様がプレゼントしてくれたものなのだろうか？そんな夢のような美味しい話がある訳がない。

現代は一見平和の時代に見える。しかし果たしてそうであろうか？　第二次世界大戦後の長い冷戦状態は一九八九年末に終焉した。ベルリンの壁が崩壊し、社会主義陣営の盟主、旧ソ連邦が解体した。こうして、冷戦という名の世界大戦は一滴の血も流さず、一発の銃弾も飛び交わさずにあっけなく幕を閉じた。当分の間は次の世界大戦の脅威は遠のいたと言ってもよい。

結局、東西両陣営間の対立の舞台で、行事の神様は西側に軍配を上げたので誰もが一時はもはや世界中の社会主義や計画経済は消滅し、新しい世界は自由と民主主義と資本主義とで牛耳られることになると確信した。しかし、これに異説を唱えた人物もいた。ハーバード大学名誉教授のサミュ

図１－２　原子爆弾
出所：「真珠湾攻撃」淵田美津雄著、河出書房

エル・ハンチントンである。ハンチントンは冷戦終結後はそれ以前のように国家間におけるイデオロギー対イデオロギーの対立は消えたが、今後は世界各地で、「文明間の衝突」が起こり、新たな性格の紛争が発生すると唱えた。すなわち、民族的、宗教的または歴史的な原因に基づく地域紛争の発生を予見したのである。不幸にしてこの予見は的中してしまった。代表的な実例としては泥沼化したコソボ紛争や「九・一一」の米同時多発テロが挙げられる。

現実の国際関係はまだ不安定である。イラク戦争やアフガニスタン戦争やイスラエル対ＰＬＯやカシミール紛争やチェチェン紛争などがそれを象徴している。これらも「文明の衝突」の様相を色濃く反映している。これらの戦争や紛争はいったん鎮火したと思っても残り火からまた火の手が上

〈ベルサイユ体制〉〈連盟〉

WWI⇒米英仏㊐露和等vs. 独墺伊土（1914-1918）、日独伊等枢軸国vs.米英仏和中ソ連等連合国（1939→1941→1945）、「The Have'Not」vs.「The Haves」、ABCD

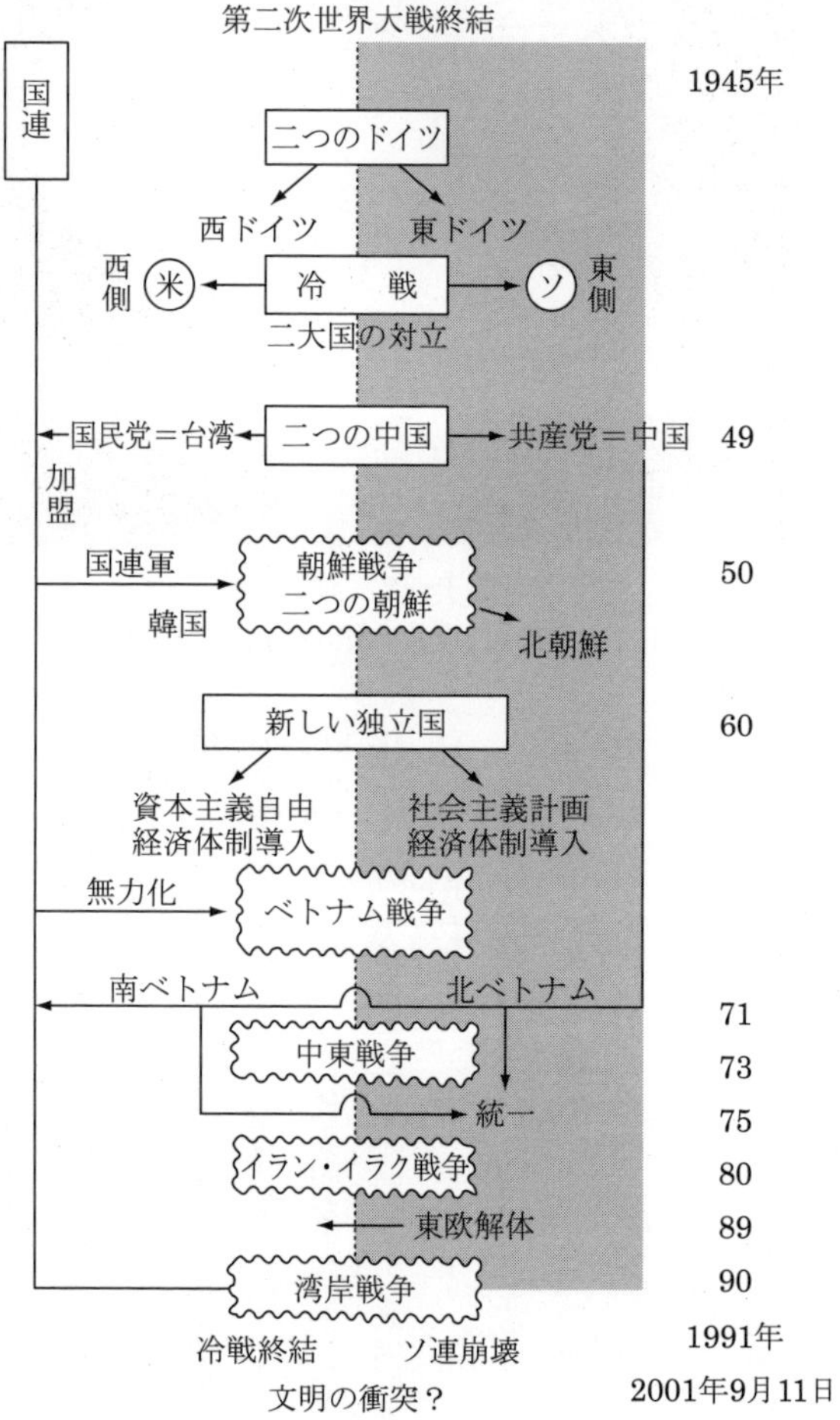

図１－３　大戦後の戦争

出所：日本経済新聞社『ベーシック解説書』

がる。根が深いのである。（図1―3）特にアジアでは取り扱いにしくじると大火災にもなりかねない「紛争の火種」が燻ぶっている。次の「火種」はいずれもわが国の国益に直接の影響を及ぼす危険を孕んでいる。

・朝鮮半島の安全保障問題。これは南北統一や北朝鮮（ＤＰＲＫ）の核実験やミサイル発射や拉致問題である。

・台湾海峡問題。中国の台湾侵攻の可能性が排除できず、緊張状態が続いている。日本にとって台湾の帰趨は東アジアの安全保障上決定的であり、その軍事的、経済的悪影響は計り知れない。

・南シナ海における南紗諸島を巡る領有権問題。日本にとってマラッカ海峡の安全航行と同様にシーレーンの安全保障上、重大関心事項である。

・この他に、わが国にとり重大な北方四島返還要求、竹島の領有権問題、東シナ海の海底ガス田開発問題等も重要な課題である。

二　日米安全保障条約の運命

戦後、日本は独立と同時に締結した日米安全保障条約に基づき米軍、ならびに、その後発足した自衛隊の存在により、今日までその平和と安定を維持することができた。日本の自衛隊は憲法上専守防衛が義務づけられているから「盾」としての役割を担い、在日米軍は場合により攻撃的防御を行う存在として「槍」としての役割を分担することとなった。日米双方のこのチームワークが近隣の敵性諸国の対日侵略の意図を押さえ込む戦略的抑止効果をもたらしたのだと思う。日本は平和憲法の歯止めもあったが、政府および国民の総意として、先の大戦への深い反省に立って、他国の内政に干渉することを否定し、専ら「平和愛好国家」としてのイメージを内外に与え続け、これが近隣諸国への対日姿勢の形成に好い影響を及ぼしたと言えるであろう。

冷戦時代は米ソ間の核抑止論による「恐怖の均衡」が作用して幸い「熱戦」とはならなかった。日本は非核三原則により、米国の「核の傘」に入ることを決意した。また、アジアでは「朝鮮戦争」や「ベトナム戦争」などの「冷戦の中の熱戦」も生じたが、日本は賢明にもこれに関与せず、専らこれに直接関与した米軍の後方基地として協力した。この二つの戦争は「ドミノ理論」の実例としてよく紹介される。もしこれが現実となれば東南アジア諸国が共産化される契機となる可能性があった。朝鮮半島では北緯三八度線以南の韓国の共産化が失敗したが、北緯十七度線以南の南ベトナムは共産化された。インドネシアやフィリッピンでも不安があったが何とか抑圧できた。

ところで冷戦終結後は従来の日米安保条約は本来の使命を終えたことになったはずであるが、新しい国際情勢の動きに鑑みて、日米両国は安保条約の適用について再定義を行い、今後は日米両国が世界戦

図1－4　沖縄県内にあるアメリカ軍の基地・施設

略上の観点から相互協力を行うことが合意された。しかし、在日米軍基地を巡る沖縄住民等の強い不満もあるので、今後如何にこれを運用してゆくかが深刻な問題となりつつある。沖縄住民の本土政府に対する不信感も根深いものがある。したがって、「沖縄問題行動特別委員会（SACO）」を通じて、基地縮小を実現しつつ、同時に日米行政協定第十七条の内容をドイツ並みに改定して、沖縄住民を米兵の犯罪からより確実に守り、治安面での不安を取り除く必要がある。（図1-4）

他方、日米安保条約の将来をどうするかについてはいろいろな案がある。すなわち現在の体制を維持強化する（A案）、基地無き安保条約に改定する（B案）および安保条約を廃棄して自主防衛に邁進する（C案）の三案が考えられる。日本周辺事態の国際環境を考慮するならば、当分はA案を維持しつつ、事態の趨勢を見極めつつ徐々にB案に移行すべきであると思われる。しかし、究極的には日本が普通の国としてC案を目指さなければならないと思う。なお、勇ましい自主防衛論は民族的誇りを取り戻すにはふさわしいものの、現実問題として、敵対的な一部近隣諸国が日本に照準を合わせている大量破壊兵器やミサイル増強の傾向があることを考えると理想論ばかり追っているわけにはゆかない。さらに、航路一万八千キロメートルにもおよび片道二か月もの航行を要する長いシーレーンの安全確保のためにはいずれ日本独自の航空母艦等による直接的な防備体制すら必要になってくるだろう。それには莫大な建造予算並びに高い維持経費を要するので、国民的議論を十分に尽くして、世論の納得と支持がないと実現しない。

なお、仮に実現するとしても航空母艦はヘリ空母型として、これを病院船や難民輸送船の機能を兼ね備えさせてみてはいかがであろうか。その活動はODA関連事業として、内外の天災や難民救助のために活用でき、多目的な機能を有するものとして評価されるのではないか。ODA事業の一環として、困窮した国々に対して「ツナミ」などの天災に出動できれば「助っ人」的な役割も果たせるだろう。また、「青年の船」や「洋上大学」として国際交流にも向けることが可能であろう。平和目的の空母だから日本の「イメージ・アップ」にも貢献すると思う。

また、北朝鮮（DPRK）の核実験やミサイル開発の状況がこのまま継続すれば、やがて、日本自身の「核武装論」の是非が国民的レベルで大いに議論されることになろう。ただし、このテーマは「核不拡散条約（NPT）」および「非核三原則」との関係で慎重な国民的論議が必要となる。

三　平和愛好国家としてのイメージの定着

他方、今こそ、国連等を中心に据えた平和外交、特に戦争を未然に防ぐための予防外交が必要とされている。平和無くして世界の安全も繁栄も確保できない。日本は資源小国であり、軍事小国である。日本にとって国際関係の安定と平和が無くては国民の基本的な生活が成り立ち得ないことを意味する。つまり、持続的な平和の確保こそが日本民族にとっての死活的な重要性を持っている。その意味で国際連合の活動は平和の維持および強化のためには不可欠の存在である。戦前の国際連盟の誕生は画期的なものであったが、国際社会を乱す無法国家が出現していてもただ吼える（連盟規約第十六条）ことしかできなかった。国際連合ではこれが少し改善されて制裁（国連憲章第四十一条および同第四十二条）が可能となった。つまり一応「牙」が不十分ながらも与えられたのである。

そもそも戦後の日本外交は三本柱から構成されていた。第一が日米同盟の堅持、第二が対アジア外交の推進、そして、第三が国連中心主義である。

まず、第三の柱、つまり国連中心主義の外交政策について触れてみたい。国連重視の姿勢は国連分担金も米国に次ぐ第二位の地位を占めているのはその具体的な現れてとして評価したい。国連分担金を日本は本来の割当て以上に支払っている。常任理事国の五か国のうち、米国を除く他の四か国（ロ中英仏）

の分担金合計額より日本の支払い分が多いというから呆れてしまう。お人好しというか、日本の犠牲的精神を評価してもらい、国連諸活動で有利な扱いを期待する動機があるのであろうが現実はそんなに甘くない。現に日本は少しも報われていない。それどころか、国連憲章には未だ「敵国条項」がある。戦後六十年以上にもなるのになぜかその削除が実現していない。これはまったく公平な扱いではない。放置してきたのは日本外交の怠慢であり、外務省の失態であろう。

日本は平和愛好国家としてのイメージの創出にもっと積極的に活動すべきである。広島・長崎の原爆の悲劇をもっともっと積極的に訴えるべきではないか。メッセージの真意は核廃絶運動に焦点が当てられるべきであろう。ただ、この運動と上記の日本の核武装論の論議とは矛盾する。これをどう調和させるべきかがポイントとなる。私は現在の核保有国が核の独占、差別的な核のアパルトヘイトの地位にいつまでも胡坐をかいて座り込むのではなく、一定の期限をつけて、例えば十年以内に完全に廃棄するとかの拘束力のある宣言を国連総会決議として実現するべきだと思う。このような廃棄決議または廃棄宣言があってこそ、核兵器不拡散条約（ＮＰＴ）体制は意義深いものとなる。包括的核実験禁止条約（ＣＴＢＴ）は完全に履行されなければならなくなるし、国際原子力機構（ＩＡＥＡ）の核査察も十分な支持が得られると思う。わが国は大量破壊兵器（ＷＭＤ）拡散が世界平和を撹乱させる原因であることに鑑みて、「拡散に対する安全保障構想」（ＰＳＩ）や輸出管理の強化に取り組む決意を固めて、率先して実行すべきである。これにより核拡散の地下ネットワーク壊滅の先陣役を務めることができる。また、カットオフ条約も同時に批准され、実施されなければならない。そうすれば人類は核爆弾の原材料の全廃が実現して、後顧の憂い無く、初めて枕を高くして眠ることができる。そして、スイスのように全国民に核シェルターの設置をさせないで済む。

日本でもノルウェーのガルトゥング博士の唱える「平和学」がもっと盛んになってもよいのではないかと思う。同博士の説く消極的平和と積極的平和から日本が果たすべき使命が明らかになってくる。「紛争の種」は万事「貧困」にこそあり、というのが私の信念である。日本のODAの標的はこの貧困解消に向けられており、基本的には正しいが、その援助の具体的態様において再検討し、改善すべき点が少なくない。

さらに　日本は対人地雷禁止条約や小型武器問題の取り扱いについても従来以上に積極的活動を行う必要がある。また、わが国にはアフガニスタンに対する「平和の定着構想」に基づき、「元兵士の武装解除・動員解除・社会復帰（DDR）支援」や「避難民支援を軸とした地域総合開発（緒方イニシアティブ）」、また「東チモールにおける元兵士およびコミュニティのための復興・雇用・安定プログラム（RESPECT）」に対しての支援をコミットしている。このような平和のための地道な努力は平和へのわが国の姿勢を如実に示すもので今後も強化してゆきたい。

今でもアジア各地での地域紛争が絶えない。わが国のNGOはスリランカやインドネシアのアチェ州で欧州の国々（ノールウェーやスイス）と協力して、平和構築努力に貢献しつつあるが、これも大いに評価されるべきだし、必要に応じてＯＤＡによる支援をもっと積極的に行うべき分野である。以上各援助に共通して言えることはわが国の平和的活動の実態をもっと内外のマス・メディアに載せて、活発な広報を行うべきだという点である。陰徳を積むのは日本の美徳かも知れないが、現在はそんな遠慮は無意味である。実情を正しく伝えることは国際世論の対日イメージ・アップに貢献する。また、日本の納税者に対する当然の義務でもある。

なお、日本は平和愛好国家にふさわしく、武器輸出国でないことを大いに誇りに思ってよいと思う。かって日本の軍事技術が世界のトップレベルであった事実は内外の識者間では定評がある。それだけに武器禁輸の原則は意義深く、平和愛好国家としての日本の存在感を内外に印象づける快挙である。現在、わが国の経済界の一部で武器輸出の規制緩和を求める声がある。しかし、政府は軍事技術の能力があり、かつ、財政的に可能だとしても、平和憲法堅持の観点から規制緩和に断固反対し、安易な妥協には応じていない。もし、日本が誘惑に負けて武器輸出に踏み出せば折角今まで築き上げた「モラル・パワー」を失ってしまう。この点で、米国、英国、フランス、ロシアおよび中国が武器輸出大国である事実はほんとうに残念だと思う。これら五か国は国連安全保障理事会の常任理事国でもある。五か国は一方で、国連の舞台で平和を説きながら、他方で途上国を中心に武器輸出に励んでいる。ここに国益むき出しの偽善性を感じざるを得ない。

私がアフリカ勤務時代にこんな体験をした。セネガルのダカール空港から飛び立つ航空機の中でフランスの有力紙特派員と座席が隣同士となった時のことである。彼は世間話をしている途中、突然日本を非難し始めた。

「日本が世界中に自動車を売りまくり、外国市場を荒らしているのは許せない！」

そこで直ちに私も一矢を報いた。

「日本はフランスと違い武器輸出を一切していませんよ。どうかお忘れなく」

私の思いがけない反論に接して彼は絶句してしまった。

四　新しい世紀には「新しい国連」を！

ここでわが国が国連常任理事国入りすることの意義について考えてみたい。わが国が常任理事国になることにより、国連および安保理の信頼性と実効性を高めることができると思う。その理由としては次の三点を強調したい。

第一……唯一核兵器を持たない国として、軍縮・不拡散分野等で積極的な外交を展開することができる。日本は平和外交推進のチャンピオンを目指したい。日本は「平和のセールスマン」としての名誉ある地位に確立したい。

第二……世界第二位の経済規模を有するわが国が加わることで、国際社会に対する貢献を一層強化することが可能となる。ただし、国連諸機関は複雑化し、業務の重複化が見られるので合理的な行財政改革が必要である。

第三……わが国等が常任理事国に加わることで、安保理におけるアジアの代表制を高めることができる。アジアは世界人口六十五億の四割強を占めるからそれにふさわしい代表権、発言権が与えられるべきであろう。

なお、日本はこれまでに国連の諸活動に次のように大きな貢献を果たしてきた。

・財政分野での貢献。全加盟国中第二位の一九％強の分担金を負担してきた。

・人間の安全保障分野での貢献。国連の「人間の安全保障委員会」の設立と報告書の提出、国連内に「人間の安全保障基金」を設置し、二九〇億円を拠出した。

・テロ対策分野での貢献。米国同時多発テロ発生以降、テロの防止・根絶のため国際的な努力（安保理のテロ対策委員会ＣＴＣ活動等）に積極的に参加している。

・軍備管理・軍縮・不拡散分野での貢献。わが国は大量破壊兵器（ＷＭＤ）の拡散防止のため「核兵器不拡散条約（ＮＰＴ）」体制の維持強化を訴え、「包括的核実験禁止条約（ＣＴＢＴ）」の早期発効や「国際原子力機関（ＩＡＥＡ）」の強化等に積極的な外交努力を展開している。

・平和構築・ＯＤＡを通じた復興支援。わが国はこれまでカンボジア、コソボ、東チモール、アフガニスタン、スリランカ等において、難民・国内避難民支援、地雷対策支援、元兵士の武装解除・動員解除・社会復帰（ＤＤＲ）等、平和の定着と国造りのため、積極的にＯＤＡを活用してきた。

他方、私は二十一世紀にふさわしい「新しい世界政府」の構想を提案してみたい。現在の国際連合は第二次世界大戦の遺物でもあり、機能不全ながら一応その歴史的使命は果たしたと思う。しかし、国連憲章規定中の「旧敵国条項」や「常任理事国の拒否権」は問題が多く、前者の「旧敵国条項」の規定の存在は時代錯誤も甚だしい。後者の「拒否権」も国連を事実上機能不全にしてしまった。国連分担金の実質的不公平感や国連財政改革や国連軍の不存在等も深刻な問題である。最近ではアナン元国連事務総長の身内を巡る汚職問題もマスコミに取り沙汰されているのでガバナンスの課題もあろう。

しかし、現在の国連憲章の改正手続きをする場合、安保常任理（Ｐ５）の承認が必要となり、「Ｐ５」は自分達の特権の放棄に繋がるような国連改革には容易には応じないであろう。したがって、「拒否権発動」は避けがたいと見ておいたほうがよい。この閉塞感を如何にして打破できるか。いっそのこと現行国連憲章には拘らないで、むしろ現在毎年開催されている「Ｇ８サミット」を組織化して、これにいろいろな機能を持たせるような工夫しては如何であろうか。これにより機能的な、かつ二十一世紀にふさわしい「新しい国際連合」を創造してみてはどうであろうか。まさに「新しい酒は新しい皮袋に入れる」ということであり、「新しい世紀には新しい世界組織」が必要なのだと思う。

五　テルデ市の日本の平和憲法モニュメント

　ところで日本から遠く離れたスペイン領カナリア諸島テルデ市が日本の平和主義に対して私達が驚くほどの熱い思いを寄せていることを読者はご存知であろうか。テルデ市に因む心温まるエピソードを紹介してみたい。アフリカの西北沖約百キロメートルの大西洋上の七つの島が浮かんでいる。スペイン本土のイベリア半島からは南西約二千キロメートルの地点にあり「大西洋のハワイ」として有名なところである。テルデ市は七つの島のうちの一つ、グラン・カナリアの州都ラスパルマスの南方にある。

　テルデ市は今日まで日本人にはまったく馴染みがなかった。ところが、突然、日本人にとって大事な聖地となった。それはテルデ市が市内の公園にヒロシマ・ナガサキ広場を建設し、その落成式を行ったからだ。このヒロシマ・ナガサキ広場は戦争で命を落とした市民の冥福を祈り、全人類の平和への理解を高め、世界平和の建設に命をかけて努力している人々に敬意を払い、そしてテルデ市民が世界平和への願いをこめて、テルデ市議が満場一致で建設を決議したものだ。一九九六年一月二十六日の落成式にはサンチアゴ市長や市議会議員や多数の市民など約千人が参列した。落成式の行事は感動的だった。平岡敬・広島市長や伊藤一長・長崎市長からお祝いのメッセージが寄せられ、これをラスパルマス日本人学校の生徒代表が代読した。広島市長はメッセージの中で、

「戦争には勝者も敗者もない。破壊と流血があるのみだ。私達はそのことを若い世代に語り継ぎ、過ちを繰り返さないよう努める責務がある」

と訴えた。テルデ市長も挨拶の中で、

「ヒロシマ・ナガサキ広場は世界の恒久平和を念願する意志を示すものである。テルデ市は市議会議決に基づき、スペインのＮＡＴＯ加盟に異議を唱え、非核地帯宣言をしている。核爆弾の悲劇は断固として繰り返してはならない」

と述べると観衆が万雷の拍手を送った。

さらに、ヒロシマ・ナガサキ広場のシンボルとなる平和記念モニュメントの除幕式が行われた。除幕式はテルデ市長と日本総領事の手で行われた。このモニュメントにはスペイン語で日本国憲法第九条全文が刻印されている。式典は最後に参列者全員が同市の音楽隊の演奏に合わせて、ベートーベンの交響曲第九番「喜びの歌」を合唱して終了した。実はテルデ市の行事はこの日だけに止まったわけではない。落成式後に他の平和記念行事が行われた。プログラムとしては原爆写真ポスターの展示、原爆の悲惨さを訴えるビデオの市内小中学校における上映（タイトルは「ヒロシマ・母達の祈り」）、四週間にわたる市内文化センターにおける原爆映画上映（タイトルは「はだしのゲン」）と続いた。行事は単にカナリア諸島やスペイン本土のみならず、当然日本でも注目された。主要邦字紙が落成式の模様を「平和のモニュメント」の写真入りで報じた。

「カナリア諸島に憲法第九条の碑、ヒロシマ・ナガサキ広場に」（朝日新聞朝刊・一九九六年三月十日）
「大西洋の小島も誓う、憲法第九条、平和の碑に刻む」（東京新聞夕刊・同年二月十七日）
「日本の憲法第九条、大西洋小島に刻む、スペイン領カナリア諸島、ヒロシマ・ナガサキ広場に記念碑」（中国新聞夕刊・同年二月十七日）

このヒロシマ・ナガサキ広場を訪問する日本人は絶えない。一九九九年にはにっぽん丸が世界一周の途次、カナリア諸島に立ち寄り、多くの乗船者がこの広場を訪問した。最近でも毎年ピース・ボートが若い人達を沢山カナリア諸島に運び、乗船者の多数が立ち寄っている。

私はサンチアゴ市長とは時々お会いする機会があった。五十台の小柄な紳士で、誠実かつきさくなお人柄なので市民から絶大な人気がある。毎日、町興しのため東奔西走しているが、日本人グループがテルデ市を来訪すると市長も必ず姿を見せ、全員の前で平和の尊さについて熱っぽく話すのである。その雰囲気の中には平和主義に徹する日本人に対する尊敬と愛情の念が感じられ、私はいつも感動した。

テルデ市は日本人にとって貴重な存在であるが、詳しくは拙著「VIVA!カナリア」（創士社）をご覧願いたい。また、最近、朝日新聞の週刊誌「AERA」（〇六年十月二十三日号）でもテルデ市の近況を報じている。

第一章：資料

講演録「異文化コミュニケーションが平和の砦となり得るための条件とは何か」

二〇〇五・六・一八
於：関西外国語大学

ユネスコ憲章の前文は「戦争が人の心の中で生まれる」以上、「人の心の中」に「平和の砦」を築く必要がある、と謳っています。日本は幸い現在まで平和と繁栄に恵まれてきました。今後、世界の地球市民とともに「平和の砦」を維持し、さらに、これを強固なものにしてゆくためにはどうしたらよいのでしょうか。その条件の一つが異文化メディエーションではないでしょうか。

異文化メディエーションが今日的なコミュニケーション課題または「機能」であるとすれば、それが「平和の砦」となるための条件とは結局インテリジェンスであり、歴史教育とその理論武装化であり、国連ファミリーや国際的NGOの協力による第三者的介入による解決にまで及ぶものであると思います。

私のこうした思いを海外生活の体験に基づいて述べてみたいと思います。

一、私は外務省生活四十年のうち、北米大陸では三か所計七年三か月の間、勤務するという幸運に恵まれました。さらに、カリブ海および南米大陸では八年九か月も滞在いたしました。すなわち、実に十六年間をこの西半球の地で過ごしたことになります。

言うまでもなくアメリカは大国です。国土も日本の二十五倍、人口も二倍あります。ＧＤＰも一人あたりではほぼ同じレベルですが国全体では二倍です。国防予算は実に十二倍です。

「広く、深く、そして、強い」。これが私の変わらぬアメリカ観です。最初は「群盲、象を撫ぜる」の感で、アメリカの実態がよく分からなかったのですが、一年、二年と生活していくうちにいろんな実像が見えてきます。教会を中心としたコミュニティ社会で、「草の根型」民主主義がよく根付いているのです。アメリカが抱える深刻な問題や苦悩も分かって参ります。現在、アメリカを真っ二つにしている文化戦争、すなわち、同性間の結婚、堕胎、銃規制、アファーマティブ・アクションなどを知るにつれ私もショックを受けています。

しかし、国際社会でのアメリカは勇ましく、頼もしい姿を見せています。冷戦後も、米国の「ＰＡＸ　ＡＭＥＲＩＣＡＮＡ」は続いています。民主主義や自由市場経済など「国際公共財」を維持し得ているのはアメリカの経済力・軍事力による貢献の賜であり、それが無ければとうてい維持できなかったことでしょう。

この自由市場経済という土俵で日本も活動を許され、幸い、今や経済力や技術力では米国に近いレベルまで到達したと申しても過言ではないでしょう。

この強大な米国は「気は優しくて力持ち」であります。しかし、単純な性格でもあります。正しいと信じた目標に向かって白馬に跨った騎士のように突っ走ります。したがって、国連の檻の中では窮屈らしく、できればこれから脱出したいという気持ちになるのも理解できないではありません。しかし、人類が営々と努力してやっと築き上げた平和の殿堂の「国連」から脱獄して貰っては困るのです。日本は他の国々と協力して、米国を説得して国連村の住人であり続けるよう常に努力を怠ってはならないと思います。そうでないとすべての平和活動も経済的な繁栄も崩壊してしまうことでしょう。

米国の中東民主化構想は目標としては間違っていないでしょう。しかし、方法論的には如何にも荒っぽく、イスラム文化やイスラムの歴史、各部族間の関係にもっと配慮した現実的なメニューが必要であると思います。民主化構想は米国流儀の時間の流れに沿って強引に進められています。しかし、イスラム社会の時間の観念は欧米や日本のものとは異質でありますから、短期的な能率至上主義的な計画の実行には無理があるでしょう。ここから米国とイスラム諸国との軋轢が生まれるのだと思います。ここは米国の理解と忍耐を要求しつつ、国連の場等を使い、じっくりと対話路線を続ける他ないでしょう。

二、日米関係を考える際、常に頭をよぎるのは両国の存在感の「非対照性」であります。アメリカはコミュニティ社会で、外国のことには余り関心がないことも事実です。ローカル紙やローカル放送が中心です。日米両国のパイのサイズが違うことももちろん関係するでしょう。それにしても、アメリカにいると「日本の存在感」が随分と小さく見えるのです。正直に言えば必要以上に小さく見えるのです。アメリカでは日本より、メキシコであり、英国であり、イスラエルであり、カナダであり、中国であり、それぞれの存在感の方がより大であるように思えるのです。この違和感が私に最後までつきまといました。これは何か巨大な情報戦略が米国市場で展開されており、日本がその闘いで敗れているからではないかと思いました。

アメリカは自己完結型の国家です。日本無しでもアメリカは生きてゆけます。また、情報大国です。CNNや偵察衛星やエシュロンの影響力は圧倒的なものであります。しかし、これに対する日本は資源小国、軍事小国です。加工貿易型立国の日本はアメリカ無しでは生きて行くのは大変辛くなるという事情は否定できないでしょう。

日中関係が長年連れ添った老夫婦のように今更別れる訳にもゆかない関係だとすれば日米関係は時々口論喧嘩もする元気な壮年夫婦ということになります。日米両国間にはアンビバレントな関係が時々浮上するのは避けられないと思います。何よりもアメリカは世界共通語「ＬＩＮＧＡ　ＦＲＡＮＣＡ」の地位を確立した英語の本場です。日本語の存在感を考えるとそのハンディキャップは歴然たるものがあります。二十一世紀が「ＤＤ」であることは明らかですが、同時に「ＥＤ」であることも忘れるわけには参りません。英語という新世紀の伝達武器を磨く必要性については今更多言を要しないでしょう。それはむしろ当然の前提であり、問題はその伝達武器を駆使して、如何に米国のオピニオンリーダーを説得し、かつ、米国世論を日本の国益に有利な方向に導くことが可能かという点です。その道のりは「日暮れて道遠し」の印象を免れないと思います。

これは基本的には日本人の情報音痴や情報軽視の悪しき伝統や風潮のせいだと言えます。「沈黙は金、雄弁は銀」が日本の伝統ですが、現在のようなグローバル化の国際社会では「雄弁こそ金、沈黙は泥」だと断言して過言ではないでしょう。また、情報を集めただけでは無意味です。実はその分析と応用、すなわち「インテリジェンス」そして「メディエーション」こそが決定的に重要なのです。残念ながら国益を考えながらそれに思いを致す人も組織も日本には極めて薄いと言わざるを得ないと思います。

ＪＩＣＡ総裁の緒方貞子さんによれば、日本には優秀な人材は豊富なのですが、なぜかそうい人材を上手くリクルートする体制になっていないのが実状のようであり、今後、検討すべき重要な課題だと思います。要するに広い意味で「ソフト」が大事だということです。これはいわゆる「二千年問題」の時、世界中がソフト先進国のインド人技術者獲得に走ったことを思い出せば理解できることでしょう。コンピューター機器の生産では世界有数でもソフトを駆使してのネット利用者数が他の国々と比較して意外に少ないという驚くべき現実があります。ソフトの劣勢な日本の対外発信力のアキレス腱でもあります。私が勤務したＢＤやミャンマーでは日本がＯＤＡでテレビ局および放送網を完成（ハードウェア）させたのですが、テレビ番組（ソフトウェア）は英国のＢＢＣから供給されてしまいました。

ＴＶ局が完成するとハコモノには余り関心が払われず、むしろ、ソフトの番組そのものの方が当然ＢＤやミャンマー人達の関心事となります。もちろん、我が方も頑張って「おしん」の英語版を放映して大喝采を博しました。とは言え、英語版吹き替えという作業を踏まなければならないところに日本文化の浸透力の限界を感じざるを得ませんでした。

そもそも日本の外務省の規模は五千名強です。これはインド外務省やベルギー外務省とほぼ同じで、カナダ外務省以下の規模だと知れば皆様驚かれることでしょう。ちなみに米国は約一・五万名、英独仏は約八千名です。特に英国は以前は米国と同じ規模だったのですが、鉄の女サッチャー首相が大鉈をふるい半分規模の体制へ変革したのです。大事な国には厚く、関係の薄い国には薄くしたのです。その結果、英国はワシントンの大使館を三百名にし、パラグアイは大使のみ、それも独身の大使一名のみとしたのです。日本外務省の出先で最大の規模はワシントン大使館ですが、それでも約百名の規模に過ぎません。私は米国は大事な国なので、ワシントンの大使館を倍増にし、同時に米国五十州のそれぞれ全部に外交官を駐在（現在十六か所）させてもよいとさえ思っています。また、国際交流基金の文化交流予算を他の国と比較してみると、米国は日本の三倍、英国は八倍、フランスが六倍、ドイツが三倍です。海外文化センターも基金が十九か所に対して、英国は実に二百八十二か所であります。ドイツは百二十八か所です。国際世論を自国に有利に動かそうという英国の執念深さを感じます。

こんな劣弱な体制で安保常任理事国に立候補しようと言うのですから寂しい限りです。ただし、ＯＤＡは九十年代の約十年間世界一の座を占め続け、最近でも米国に続いて世界全体の約二割を負担しています。国連やＩＭＦの分担金でも米国に次いで第二位を占めています。これが大きな国際貢献であることは言うまでもないことですが、全体として見ると、経済協力の分野の援助が巨大であるのに比較して、対外的な広報文化学術関係予算が誠に貧弱であることを否めません。要するにアンバランスなのです。これは誠に歪な姿を曝していると言えましょう。

米国で不思議に思う職業として「ロビイスト」の存在があります。米国議会や米国世論の動向に影響を与える仕掛人、つまり「フィクサー」と私は理解しています。現在、米国で最強のフィクサーは「ユダヤ・ロビー」と「台湾ロビー」だと思います。それがどんな成果を生んでいるかは米国の対イスラエル外交や対台湾政策を見れば一目瞭然でしょう。日本のロビー体制が貧弱なことは否めないと思います。このような「作られた世論」というものの存在とその影響について日本人はもっとよく知るべきでしょう。

また、日本には総合的な情報機関がありません。あっても外務省や内閣調査庁や防衛省や警察庁に細分化されて統合されず、したがって情報の共有も不十分です。民間との情報交流もゼロに近いお寒い有り様です。このためどれだけ国益を損失しているか図りしれないものがあります。最近の北朝鮮による拉致問題の発生も結局は有益は情報量の少なさ、関係各機関間の情報共有の欠如という我が方の体制の甘さに大きな原因があったと思います。日本も強力な統合的戦略的な情報機関が必要だと思います。もし、日本に「ＣＩＡ」や「ＭＩ６」や「モサド」が存在していれば拉致問題などはとっくに解決の見通しがついていたかも知れません。この情報音痴、文化小国の現実を変革しなければ日本はいつの間にか「一周遅れのトップランナー」になってしまいかねません。

三、私はアメリカでの生活経験を通じていろいろな異文化体験をしました。最初の海外渡航先や海外勤務地は「初恋の人」と言うそうです。私の「初恋の人」は現在「イチロー」が活躍している米国のワシントン州シアトル市です。

(一) アメリカの生活で困ったこと、否、怖いとさえ感じたことは会話や集会で当意即妙の「ジョーク」を言わなければならない場面に遭遇することです。欧米人やラテン系の人達は誠にジョークの達人で、これがギスギスした人間関係を爽やかにする潤滑油として機能しています。突然、ジョークを発言する順番が回ってきたり、指名を受けたりするとパニックになることがあります。私などはその都度ポケットに最低一つのジョークを用意しておいたものです。マイアミに住むブラジル系アメリカ人から仕入れたジョークをご紹介しましょう。

「日米合弁の製鉄会社をサンパウロに完成させたが故障が発生したので、現地ブラジルの合弁会社社長が日米の本社に電報を打ち、誰か人を至急派遣してくれと依頼しました。日米双方から承諾の回答が来ました。さて、サンパウロ空港に出迎えに行くと、日本の会社はエンジニアを派遣してきたが、アメリカの会社は弁護士を派遣してきた」

これは訴訟社会のアメリカを皮肉ったものです。今でもジョークの場面を思い出すと冷や汗がでます。

(二)　戦時中の風船爆弾の被害があったため対日感情が悪いというオレゴン州の片田舎へ行った時のことです。レストランで老夫婦が私に近づいてきたので、思わず身構えると思いがけないお話をしてくれたのです。

「貴方は日本の方ですね。実は息子がベトナム戦争に行ってましてね。時々日本へ休暇旅行をしているのです。息子の便りによれば日本は清潔で、物資が豊かで、何よりも日本人が親切なのでとてもハッピーな気分になると書いているのです。だから私達は貴方に感謝の気持ちを述べたいのです……」素朴で善意の塊のような地方のアメリカ人老夫婦の姿に接して、私は目頭が熱くなりました。

(三)　アメリカ社会で生きて行くコツは医師、弁護士、保険エージェントの三人の友を大事にすることです。しかし、日本人にとっては日米間の歴史認識も大事だと思います。貴重な体験をいたしました。これはパールハーバー奇襲と原子爆弾投下との関係です。

シアトルで当時独身だった私は帰宅前にダウンタウンの行きつけの店で夕食を済ませるのが習慣でした。ある夕べのことでした。奥のバーでビールを飲んでいた中年のアメリカ人女性二人が私に近づいてきました。

「失礼ですが日本人ですか？」

「はい、そうです」

「一寸、お話がしたいのですが構いませんか？」

「はい、どうぞ、どうぞ」

「実は私達二人は市内の同じ高校で歴史の教師をしております。原子爆弾投下について日本人はどう思っているのでしょうか？」

藪から棒に、しかも重たいテーマなので私は仰天しましたが率直に答えました。「あの原爆投下は必要なかったのではないではないでしょうか。そもそも非戦闘員しかいないと知りながら原爆投下を敢えて実行したことは人道にたいする罪だと思いますよ。他にも東京や大阪など大都市への無差別な焼夷弾による大空襲もありましたね……」

今度は二人の女性教師が何か不意をつかれたように驚いた表情をしながらも反論してきました。

「だけど、元はと言えば日本が最初にパールハーバーの奇襲攻撃をしたから戦争になったわけです。それがなければ原爆投下も無かったことになるのではないですか？他に米国は早く戦争を終わらせたかったとか、冷戦を予測して、対ソ牽制という意図もあったと聞いています……」

「それでも、非人道的な原爆投下は正当化できないと思います。そもそも、パールハーバー攻撃は実は米国側の挑発に日本軍部がまんまと乗せられたという説もあるのですよ。要するに米国は日本を挑発してＦＩＲＳＴ　ＡＴＴＡＣＫを行わせたかったのです」

私の再反論に二人の女教師は瞬間絶句しましたが、そのうち何やらヒソヒソ話していました。しばらくして二人が口を開きました。

「貴方は日本人としては珍しく率直に話される方だ。とても興味深い。ついては来週末、私の自宅での夕食に招待したいのですが如何ですか？もう一度このテーマについて議論したいのです……」

「喜んで参りましょう」

私の快諾に二人の女教師は笑みを浮かべながらつけ加えました。

「実は私達の夫も参加しますから、私達は四人になります。それでは不公平だから宜しければ貴方の奥さんかガールフレンドをお連れして下さい」

「それは有り難う」

こうして私達は別れました。次の週末に私は一人で行き（独身でガールフレンドもいなかった）彼女達と再会し、また、彼女達の夫に紹介され夕食をともにしながら同じテーマで議論を再開しました。結局、議論は平行線でした。ただ、全員が「日米関係がこんなにも緊密なのだから、これを今後も維持してゆきたい。大事なことは日米関係の明日を考えることだ」という点で一致しました。最後はにこやかに笑顔で握手して別れました。私も自分の意見を率直に述べ、先方も真剣に耳を傾けてくれたことを思い出して何か清々しい気分になったことを昨日のことのように思い出します。

この体験から私は「アメリカ人とは率直に話すことが大事だ」という忠告はほんとうなんだ、と実感いたしました。日本人は「ノー」と言うと、その一言で「人間関係はお終いになる」と考えるけれど、アメリカ人の場合は「ノー」が人間関係の始まりと言ってよいでしょう。「なぜ？」の質問、「理由の説明」、そして「対策」。そんなプロセスが生じ、お互いが理解を深め、ひいては好意や友情が湧く契機となるのです。
（四）次の体験も貴重なものでした。佐藤総理（当時）がシアトルに一泊してからワシントンＤＣに向かった時の体験であります。佐藤総理はこの訪米を通じて、小笠原や沖縄の返還交渉に目途をつけることに成功いたしました。私の担当の仕事の一つがシアトル空港から市内に入った時点で、日系人会の人達に沿道で日米の小旗を打ち振るって歓迎の意を表して貰うことでした。

しかし、日系人会会長は即答せず、「少し考えさせて下さい」との返事だったのです。そして、翌日になって会長から「在米日系人は大戦中の微妙な体験があるので、小旗を振るお役目は遠慮したい」と断って参りました。私は戦前の排日土地法等の歴史を知っていましたので、会長の言葉を受け止め、直ちに別の公立小学校校長に面会を求めて、小旗振りの件を依頼しましたところ、

「大変名誉なことだから是非協力したい」

と二つ返事で承諾してくれました。この体験からアメリカにおけるマイノリティーとしての日系人の立場をよく研究し、決して思いこみをしてはならないということが分かりました。

(五) 戦前の日系人排斥運動の嵐のきっかけは欧州の貧しい後発移民組とその前後に上陸してきた日系移民との確執が発端だと承知しております。ハワイ等の日系人移民が強制収容所先のキャンプから兵役に志願して有名な「四四二連隊」に入り、欧州戦線で数々の功績を残したことはご承知のとおりであります。米国市民でもある日系人十万人を強制収容所に隔離したことは戦争勃発時の米国当局のパニック的な戦争心理のせいですが、アメリカもこれを「アメリカの歴史上の汚点」と位置づけて、クリントン大統領の時に至り、日系人に対し謝罪の上、一人約二万ドルの補償金を支払っております。

この時代のエピソードとしては全米学生弁論大会に参加できなかった「ミスター・シマノウチ」のケースがあります。これは彼がカリフォルニア州地区予選代表に選ばれながら、日系人という理由で代表者の資格を剥奪された事件です。その結果、ナンバー・ツーの白人学生がカリフォルニア州代表でワシントン・DCでの全国大会に参加したところ、見事優勝したという皮肉な結果となったのです。もちろん、「ミスター・シマノウチ」が予定通り参加したとしても、果たして優勝したかどうかは分かりません。とにかく当時の時代風潮を物語るケースとして興味深いものがあります。

歴史問題は事実は事実として直視しなければならないと思います。アメリカに居たとき戦争に関連して毎年二つの行事

を体験いたしました。一つは「十一月十一日」の「MEMORIAL DAY」または「REMEMBERANCE DAY」であります。第一次世界大戦の終戦記念日です。これは雛罌粟の花を胸につける習慣から「POPPY DAY」と呼ぶことはご存じの方もおられるでしょう。偶然ながら関西外国語大学の創立記念日であり、また、私事で恐縮ながら実母の誕生日にもあたります。もう一つが「十二月七日」です。真珠湾奇襲の日で、日本時間では「十二月八日」となります。この日はシアトルの場合、早朝午前七時五十五分にヘリコプターが白い花束を空から市内の湖の上に投下して、追悼の意を表明しておりました。その光景をテレビで見ながら私も心の中で「不戦の誓い」を立てていました。米国のシーファー駐日大使が先日のTV対談で

「それぞれの国にはそれぞれの文化があります。それぞれの仕方で哀悼の意を表することは自然なことです。米国ではアーリントン墓地で儀式を行います」

とコメントしており、私もまったくそのとおりだと思います。この文化相対主義の立場を忘れて、自国のモノサシで、相手の文化に物言いをつけ、ケチをつけるのは「お門違い」というものです。この摩擦が高じると結局「文明の衝突」ということになってしまうのでしょう。

したがって、大事なことはお互いが率直に話し合い、信頼醸成の努力をすることです。残念ながらこれが現在の日中間および日韓間に必ずしも充分ではなく、その結果相互不信や不毛の対立感情が生まれているのだと思います。韓国との間では近く、両国の歴史学者が歴史問題や歴史教科書について再び議論をすることになっています。これは建設的なアプローチだと思います。日中間でも同様なフォーラムが誕生しつつあります。

なお、日本学術会議の中に「アジア歴史資料センター」が誕生し、世界各地の歴史学者が「WEB」上で戦前・戦中の日本の歴史資料にアクセスできることになったことは大変意義深いことです。これは歴史認識の基礎の記録（アーカイブ

ス）の共有化を図ったことになります。一種の資料革命と言ってもよいでしょう。お互いに感情的な非難の応酬でなく、関係諸国の歴史学者がこのような共通の場を通じて交流し、意見を交換し、泥沼化した歴史問題の解決に共同で貢献することになるでしょう。いずれにせよ「歴史の教訓」という人類の遺産を次の世代に正しく継承しておかないと人間は愚かな動物ですから同じ過ちを繰り返しかねないと思います。ここでも教育の重要性が痛感されます。

（六）戦前の日本や昔の満州で活躍していたアメリカ人牧師さんの事を私は忘れることができません。牧師はその功績により天皇陛下から勲章を叙勲されており、当時シアトル郊外の老人ホームで余生を送っておりました。叙勲者だということで毎年、天皇誕生日祝賀会にはご招待するのですが、既に高齢で足腰が弱っており外出できない状態にありました。そこでシアトルの日本総領事館としては毎年一回彼の誕生日に館員を派遣してお祝いをする習慣があり、若輩の私がその大役を仰せつかったのであります。とても快活なご老体で私の訪問をまるでお孫さんとの再会のように喜ばれ、私が戸惑うほどでした。牧師は次のように言うのが口癖でした。「戦前の日本は過剰人口をかかえ、どうしょうもなかったのです。多くの零細農民が移民を試みたが、その勤勉さと優秀さのせいで、却って米国での排斥運動の対象とされたのです。結局、日本人移民は南米の果てまで落ち延びてゆく運命となったのです。しかも、彼らは母国からも棄民扱いにされたのです。したがって、満州を日本に与えることは当時としては正当化されるべきでした云々」と仰り、私は正に飛び上がらんばかりに狼狽したことを覚えています。

「それにしてもいろいろなタイプのアメリカ人がいるものだなあ、その内容はともかく、自分の信念を堂々と主張できるところはさすがだ！」

と妙に感心もした次第です。牧師の爆弾発言から間もなくして、ある記録で、マッカーサー元帥が米国議会の公聴会で「結局、日本の戦争は自衛戦争だったと思う云々」

と発言したことを知り、これまた驚いた次第です。お断りしておきたいのは何も私は大東亜共栄圏肯定論者ではないということです。アメリカ社会はいろいろと問題はありますが、やはり言論の自由があると実感したということを申し述べてみたかったまでであります。

（七）私のマイアミ勤務中クリントンが大統領選挙運動をしていた頃でした。当時の米国経済は衰退し、景気もどん底の最中でした。対日バッシングも相当なもので、それ以前にも「日本異質論（REVISIONIST）」とかの大合唱で、日本側も苦しめられました。カリフォルニア州で住友グループが鉄道車輌の入札に成功しながら、土壇場でいちゃもんをつけられていました。マイアミでも新聞紙上に「JAP」という言葉が偶に見受けられました。私はその都度、直ちに抗議の手紙を書き、もし、省略の意味ならオリンピック大会で使用している「JPN」を使うようにと忠告しておきました。するとほとんどのところから「お詫び」の書簡が送りつけられ、「今後は決して使わない、気をつけます」と申し添えてありました。米国の生活で快適に思うことは実はこんな率直な国民性であります。抗議に対して決して相手を無視しない。手紙を送付すると少なくとも受領した、との通知が必ず返ってくるのです。私は感心するとともに、その正直さゆえに米国人が好きになりました。

（八）実は私は本大学で「異文化間コミュニケーション」の講座を担当しております。この授業で過去五年間必ず私が出題するレポートのテーマがあります。それは「三人の大学生の誰かの説を選んで論ぜよ」という内容であります。すなわち「A」さんは「異文化間コミュニケーションで一番大事なことは語学である」と唱えます。
「B」さんは「歴史や文化の認識がなければすべては無駄である」とします。

「C」さんは「相手の痛みが分かる人間的な配慮が何よりも優先すると思う」

との立場です。

実は最近この「A」「B」「C」の三説の回答の割合が微妙に変化していることに気がつきました。五年前は「A」「B」「C」が「1：2：7」でしたが、数年前からこれが「1：3：6」となり、本年（二〇〇五）では「1：4：5」と変化しているのです。恐らく、本年（二〇〇五）四月以降の中国等での反日暴力デモの動きをマスコミが大々的に報じた影響であろうかと推測しております。これは本学の学生も時代の風潮を反映して物事を複眼的に、より深く考えるようになったことを示すものと私は受け止めているところであります。この割合が定着したものかどうか、将来の統計の結果が興味をもって待たれるところであります。

四、ところで米国の戦略が如何に恐るべきものかは、日米外交の交渉経緯を詳しく辿ってゆきますと随所に現れて参ります。日露戦争講和のポーツマス条約を成立させた米国のセオドア・ルーズベルト大統領はそれまでの対日友好政策を一変して対日軍事戦略のシナリオである「オレンジ作戦」を発動させております。昭和十六年十二月に先立つこと実に三十六年前のことであります。これは来るべき対日戦争への準備であります。新渡戸稲造（国際連盟事務次長）の英文の「武士道」を愛読書として、多数の友人・知人にこの書物を広く配っていたほどの親日家だったセオドア・ルーズベルト（註）が豹変したのは、もちろん、大平洋を挟む日米間覇権争いが結局は戦争への道に繋がると予測していたからでしょう。

「註」同大統領のニックネームは「テディ」と言い、彼が熊狩りの趣味があったことから、お人形「テディ・ベア」の名が生まれた。当時を思い起こすと米国世論へ大きな影響を与えた英文書物としてはこの「武士道」以外に何があったでしょうか？日本の発信力が微弱であるのと対照的に中国人の対米工作は強烈なものでした。特に、蒋介石夫人の宋美麗は得意の英語力を駆使して米国議会で熱弁をふるい、議会や世論を中国に有利となるように導くことに成功したのであります。

戦後では中国系アメリカ人アイリス・チャン女史はセンセーショナルな「南京虐殺」を米国で出版し、名声を勝ち得ましたが、資料の出典が曖昧で、不正確な数字や合成写真が沢山使われており、最後は米国の出版社からもクレームをつけられていたそうです。彼女は二〇〇四年末、謎のピストル自殺を遂げましたが、既に米国の中国系エリートが米国世論に訴えて反日世論運動を展開し、これが中国本土に飛び火して、中国で反日運動の導火線となるような事態も起きていることには注意しなければなりません。問題は同書の内容もさることながら、いったんベストセラーとしての評判をとってしまうと米国世論ではイメージが一人歩きしてしまう危険性を孕んでいる点であります。

また、日米間の誤解や誤算が「言葉のニューアンス」で生じることが多いこともう一つの大事なテーマだと思います。「敗戦」を「終戦」と訳し、「占領軍」を「進駐軍」と訳したのは「名訳」とも「迷訳」とも言えます。大戦直後の日本人の辛い心境を考えればその動機は理解できるのですが、言葉の操作で実態を隠したり、現実と直面するのを回避したり、逃避したりするような態度の現れだとしたら問題だと思います。中国人デモの「愛国無罪」の言葉も結局中国の民主化にとってはマエナスでしょう。最近の「若者失業者」を「フリーター」と称するのも同じメンタリティーではないでしょうか。ややおおげさに言えば言葉の意図的な「意訳」は自己欺瞞であり、結局は現実逃避となり、日本民族を弱くすることに繋がるのではないでしょうか。その点が気がかりであります。これらがいわゆる日米間の「パーセプション・ギャップ」を生み出す元凶の一つだと思います。

八十年代に米国の景気が大変苦況にあった時に日米両政府間で「日米構造協議」が開催されました。「ＰＬＡＺＡ合意」などで竹下総理が日本円の対ドル・レートを切り上げ、ついには一米ドルが八十円近くまで切り上がったり、また、自民党副総裁金丸信が在日米軍に対して「思いやり予算」をつけた頃です。「日米構造協議」は「ＳＩＩ」つまり「ＳＴＲＵＣＴＵＲＥ　ＩＭＰＥＤＩＭＥＮＴ　ＩＮＩＴＩＡＴＩＶＥ」の略のはずですが、なぜか「ＩＭＰＥＤＩＭＥＮＴ」つまり「障害」という部分の日本語訳が欠落しているのです。このような重要な単語が意図的に「削除」されたことはなぜだったのか、もっと問題視されてよいと思うのですが、どうも曖昧のままです。言葉の意図的な「意訳」や「誤訳」や「迷訳」がもっと大きな問題に発展し、致命的な結果を招くこともあることを忘れてはならないと思うのです。

例えば昭和二十年七月のポツダム宣言に対して、日本は当初「黙殺」としたのですが、英訳ではなぜかこれが「TO　REJECT」と訳されているのです。これでは「拒否」と同じ意味です。そして八月初め、広島、長崎への悲劇的な原爆投下の後、やっとポツダム宣言の「受諾」が行われたのです。私はそこに何かゾッとするような恐ろしいものを感じるのです。

また、有名な「ハル・ノート」が昭和十六年十一月に日本政府に届けられたのですが、文中に「中国から全日本軍が撤兵すべし」との要求部分では陸軍がなぜか「満州を含む全日本軍」と思いこみ、「受諾」不可能との回答をしたというエピソードが残っています。歴史に「IF」は無いのですが、「言葉」が持つ重大性をしっかり学習しなければならないことを教えるエピソードだと思います。

他方、湾岸戦争やイラク戦争の際、アメリカは日本に向かって、ストレートな表現で「SHOW　THE　FLAG」（旗幟を鮮明にしろ！）などと発言しましたが日本側は余りにもの論理明快さに戸惑ってしまうのです。

「A　FREE　RIDE」（安保ただ乗り論）も同じでしょう。日本人が対米自動車輸出問題で「前向きに検討しましょう」とかBSE狂牛病問題で「安全も安心も両方大事です」とか言うと、最後は米国は「結果を出せ！」とか「欧米では問題とならないのに？」と性急に決着を迫ってくるのも同じく「PERCEPTION　GAP」のせいでしょう。英字新聞でも靖国神社を「WAR　SHRINE」とか赤穂浪士を「FORTY-SEVEN　TERRORISTS」とか訳されたりしたのでは原語の持つニューアンスがそげ落ちてしまいガッカリします。

日本語では日本人の性格を反映して曖昧語が選択される傾向にあります。ギラギラした直接的な表現を好まないのです。それが奥ゆかしいと評価され、これが何となく日本社会では美点として教え込まれているのです。こうしてホンネとタテマエが首を出してくるので、アメリカ人は混乱し、時には騙されたと不信感を抱くことさえあるのです。

私は学生に対し、国際社会では「宮本武蔵」の「二刀流使い」になるようにアドバイスしております。つまり、日本社会では日本人の価値観に見合う「日本刀」を使い、アメリカ社会ではアメリカ人の価値観に見合う「カウボーイの刀、拳銃」を使うのが現実的だとアドバイスしているのです。こうすれば無用な怪我が少なくて助かります。この両方を取り違えると大変ややこしくなることは言うまでもありません。

五、さて、ここで私は少し大胆な提言をしてみたいと思っています。私の最後の恋人、つまり、最後の勤務地がスペインでしたので、それにあやかり、スペインの「ドン・キホーテ的」発言をさせていただくことをお許し願いたいと思っています。いわゆる「英語公用語化論」の是非であります。

タイの有力紙NATION編集長が

「今やアジアのスポークスマンはシンガポールだ。日本は失敗した」

と発言したと船橋洋一氏（元朝日アメリカ総局長）がその著「敢えて英語公用語化論」で引用しております。船橋氏は国家戦略としての英語公用語化論者として有名な人物です。

東京大学国際政治学者田中明彦氏も「言力政治の台頭」という視点で、「リンガ・フランカ（世界共通語）」としての英語公用語化論（註）を展開しています。中国では「李陽（リー・ヤン）」という人物が

「英語は英米の付属物ではなく、世界に属する言語」だと宣言して、「CRAZY　ENGLISH運動」を起こし、中国

各地を飛び回り大奮闘しております。

「註」最近米国ニューヨークタイムズ紙が「ＧＬＯＢＩＳＨ」という言葉で、英語の世界共通語化論（語彙を制限し、かつ、易しい単語を選ぶ等の条件）

私は言語は一国の文化の象徴であり、民族のアイデンティティそのもの、という気持ちを捨てきれないので、「公用語化論」そのものには反対ですが、「準公用語扱い」にしてもよいのではないかと思います。

オランダ人はほんとうに英語が上手なのですが、それは十一歳からの優れた語学教育のおかげだろうと思います。オランダ社会を観察して、徹底した英語教育がオランダ人の生活や国民性に歪みを与えた形跡はまったくありません。実は彼らは英語の他にドイツ語とフランス語も同時並行的に学んでいるのです。こうして、オランダ人は「ＦＬＹＩＮＧ　ＤＵＴＣＨＭＡＮ」と呼ばれるように世界各地で得意の語学力を生かして活躍しております。

実は私がマニラに在勤していた時の経験です。フィリッピンは英語の普及度ではアジア随一だと思います。ある日国立フィリッピン大学（ＵＰ）の某哲学博士が私を訪ねてきて、

「フィリッピンは英語習得には成功したが、結局アメリカ文化の植民地となった。その点日本は日本語という堅固な障壁があり、それがアメリカ文化の洪水を堰き止めることに成功した。フィリッピンも、もっとタガログ語を普及させるべきだ。日本のようにフィリッピン文化を守らなければならない」

との持論を滔々と論じておりました。この哲学博士は訪日後、彼の仮説が証明されたと満足していました。その後、彼の献策が採用されたのかどうかは定かではないのですが、この頃、フィリッピンでは「言語ナショナリズム運動」が澎湃として起こり、テレビやラジオでもタガログ語放送が俄然増えました。公用文書は英語中心だったのですが、徐々にタガログ語の訳文の添付が義務づけられるようになりました。

しかし、最近ではグローバル化の風潮が高まり、その中でフィリッピン人の英語力が急速に落ち込み、海外で働くフィリッピン人の雇用にも影響が出てきました。そこで政府は従来のタガログ語教育政策を見直すようになってきました。外国語と文化的アイデンティティとの関係は大変難しい要素を孕んでいると思います。つまり、グローバル化とローカル化との矛盾を、それぞれのメリットに応じてどのように調節するかの課題であります。

六、シンポジウムのご案内にもありますように日本人が信頼する組織や機関は六十四%が「新聞」だとするならば、これに充分にこころして対応しないとマインドコントロールされてゆく危険があります。記事や社説の論調に偏向やイデオロギー上のドグマが持ち込まれれば、その影響力は絶大だと思います。この対策は何でしょうか。なかなか難しい課題だと思います。少なくとも単純に額面通り新聞活字を受け取らない事が大事だと思います。

先日「ＳＡＰＩＯ誌」上で在日の中国人ジャーナリストが

「日本の某大新聞が人民日報よりさらに左翼的な論調を展開しているので、呆れ果てて、その購読を止めて、他紙に変更しました」

と述べた記事を読みました。

日本人の「活字信仰」文化は逆に簡単に情報操作されてしまう脆弱性を孕んでいると思います。マスメディアとは「両刃の剣」的な性格を持つ存在だという認識だけは忘れたくないと思います。

八十年代の初めフィリッピンのマニラ市で世界ジャーナリスト大会が開かれ、私もオブザーバーとしてこれに出席する機会を得ました。その時、ゲスト・スピーカーとして現れた故マルコス大統領がスピーチの冒頭で、いきなり

「今日、我々は米国等巨大マスメディアの人質になっている。これは健全な状態とは言えない云々」

と爆弾発言をしたので、会場を埋めた世界各国のジャーナリスト達は驚いて暫しざわめいておりました。「情報の一極化」の傾向は確かに危険であります。日本の主要各紙や主要TV局も米国等巨大マスメディアから記事を買って自社の紙面や番組を作成している割合が相当あります。AP，UP、ロイター等からです。一時経営の傾いたUPI電を共同通信が買収するという交渉が浮上し、共同が世界レベルの通信社となるチャンスがあったのですが、交渉は土壇場で破談となりました。誠に残念なことです。また、CNNや全米三大TV局、さらに、NYタイムスやワシントン・ポストの影響力は絶大です。英国のBBCやFT紙も同様です。私自身これらのマスメディアの愛好者なので知らず知らずのうちにマインドコントロールされているのではないかと不安を覚えることもあります。

イラク戦争では中東のTV局アルジャジーラが活躍していますが、これは別のアングルから真実に迫るものとして評価したいと思います。

今後、日本は米国を通じて世界やアジアを知るのではなく、つまり米国のフィルターを経ないで、あくまで自らのイニシアティブで、もっと世界やアジアの実態やホンネに直接に接するとともに、日本のホンネを世界やアジアに向かって発信すべきではないでしょうか。

かつてベトナム戦争時代のアメリカ人ジャーナリストは誠に逞しく、強烈な記者魂を知る私としては最近の米国マスメディアは静か過ぎるとの印象を抱きます。これは巨大資本がマスメディアを次々と買収した結果らしいということで、やはり「社会の木鐸」と言っても、所詮、資本主義の論理には勝てないのだなとの悲しい思いを深くいたしました。

ここでは論じませんが「戦争と世論」の関係も大事なテーマだと思います。私が感心するのはアメリカのマスメディアが外交を内政の道具にしないと、国益に損害を与えるような報道は控える、敵に塩を送るような卑劣な行為は止めるという不文律があるように見受けられることです。

「戦争遂行中の大統領を背後から批判の銃弾を発するのは卑怯だ」という国民感情があるのかも知れません。しかし、この不文律はベトナム戦争では破られ、最近のイラク戦争も同じく反古にされてしまいました。二〇〇六年秋の中間選挙ではブッシュ政権の共和党は大きな敗北を喫しました。

他方、欧米マスコミの影響力について述べてみたいと思います。中国の反日暴力デモに対して英国のＦＴ紙が「最後のツケは中国に行く。日本は中国の政治的ゲームに巻き込まれるな」と論じ、米国のＮＹタイムズやワシントン・ポストが中国政府黙認の反日暴力デモを非難するなどの論陣を張ると、中国政府も急速におとなしくなってきたような印象を受けました。つまり国際世論に曝すことで歴史認識の誤解と乱用を阻止することが可能だということが明らかになったと言えましょう。

戦前の中国が欧米、特にアメリカの世論を中国ペースに引き込んで、プロパガンダ戦争では日本を圧倒したことから明らかなように聡明な中国は米国の世論の動向にどの国よりも神経を使っているのではないでしょうか。日本も米国世論を日本側に惹きつける工作にもっと工夫をしておく必要があると思います。日本は自らのイニシャティブで米国世論のホンネを探り、それに対して適切な対処をする必要が強く求められていると思います。地道な「メイド・イン・ジャパン」の発信努力を継続することが大事でしょう。「平和国家」および「非核国家」を目指す日本としては最近の国連「ＮＰＴ」総会が失敗に終わったことは如何にも残念でなりません。日本の国家戦略が強固でなく、また、米国の政策が頑なで、日本の影響力が及ぼし得なかったためでしょう。

七、冷戦崩壊後は「文明の衝突」が世界各地で頻発しております。宗教や民族や文化の違いや歴史的怨念等による地域紛争です。私が駐在していましたリベリアでもクーデターで成功したクラーン族が支配権を握ると他の種族を差別し、かつ苛斂誅求を欲しいままにして弾圧したため内乱が発生しました。また、これも私が勤務していたシオラレオーネではダイアモンド鉱山を巡る覇権争いで紛争が勃発しました。幸い、この紛争は国連平和構築計画が実行され、「DDR」（武装解除・動員解除・社会復帰）が実現しました。また、旧ユーゴスラビアの解体やコソボ自治州の悲劇も随分と報道されました。アフガン、イラク、ソマリア、コンゴ等における宗教的派閥争いや部族間対立も厳しいものがあり、融和・友好関係の樹立は容易ではありません。ナイジェリアの三大部族（イボ・ハウサ・ヨルバ）の対立とビアフラ戦争の悲劇も記憶に残っていることでしょう。ナイジェリアの新首都は三大部族の中間地点のアブジャに建設されました。さらにルアンダのフツ族とツチ族の対立が虐殺や大量難民を発生させました。

この他、フィジーやソロモン諸島やスーダンでも種族間の対立と反目が殺戮（ダルフールの悲劇）へと発展してしまいました。これらは異文化間の誤解や疑心暗鬼などから発生したもので、その解決のため国連諸機関や関係近隣諸国が大変な汗と血と涙を流させられました。これらは異文化メディエーションの機能が未成熟で、充分に機能しなかったためだと申し上げてよいのだと思います。

他方、何とか解決への努力が認められるケースも見受けられます。「ツナミ災害救援」で日本はイメージ・アップに成功したと思いますが、同じインドネシアのアチェ州ではイスラム系武装組織「自由アチェ運動（GAM）」は分離独立運動をしており、長年政府軍と武力衝突を続けていましたが、最近は和解が成立したようであります。この実現にはジュネーブの非政府組織（NGO）「アンリ・ジュナン人道対話センター」が仲介役となって、政府と「自由アチェ運動（GAM）」とがここ数年来東京などで和平協議を開いたことが有益だったと見られています。中立地点としての東京で開かれたことが興味深く、今後の国際的NGO運動の行方について示唆的であったと思います。

さらに、スリランカでは過去二十年間、内戦で七万の犠牲者を生みました。この内戦調停は日本とノルウェーの手で進めて来ました。日本からは元国連事務次長明石康氏が和平構築の日本代表として派遣されました。日本はNGOを通じて病院の修復や避難民の帰還事業などを推進して高い評価を得ています。これは人間の安全保障および平和構築のためです。日本は「人間の安全保障」のための努力をスリランカの他に、アフガンやイラクにも広げ、日本の新しい外交として展開してゆく方針です。これにはNGOとの密接な協力関係が重視され、きめ細かいODAが実現されています。コロンビアやフィリッピンなどで邦人拉致事件が時々発生しておりますが、これを手掛ける民間危機管理コンサルタントとして、例えば、英国の「CONTROL　RISK社」等のノウハウなども注目すべき存在だと思います。

八、今後、日本は平和国家としてのイメージ戦略を強力に展開し、世界中に日本の「熱き思い」をもっと大々的に発信する必要があると思います。「貧困が紛争の種」であり、ここにこそ異文化メディエーションを活用して「芽の段階」でつむぎ取ることが何よりも必要です。そのため現在および将来の「ODA事業」を「NGOとの緊密な協力」の下に、また、できれば「NGOを通じて」、もっと弾力的かつタイミングよく運用する必要があります。「貧困の撃滅」こそ「紛争解決の予防戦争」だと思います。最後に異文化メディエーションが「平和の砦」となるための条件は私が以上のとおり、体験談を交えて縷々述べて参りましたように、結局はインテリジェンス戦略であり、それに基づく問題解決の和平交渉の実践にあると思います。それは官民レベルの協力、国連FAMILY等各機関の密接な協力によってのみ可能です。中でもNGOの積極的活用が大事だと思います。SIR　FRANCIS　BACONの有名な格言「情報は力なり」を応用して言えば「情報は平和国家にとって最大の武器であり、平和の砦の礎石である」と断言できると思います。総合的な情報機関の設置とインテリジェンス能力の錬磨が何よりも強調されなければならないでしょう。ご静聴有り難うございました。

第二章　異文化とおつき合いするコツ

一　異文化の落とし穴

グローバリゼーションが進み、世界各地の人々の間では距離感が喪失し、膨大な情報量が行き交うが、心理的な、文化的な距離は容易に埋められない。そのために思いがけない落とし穴に躓くことがある。例えば、日本の社会ではまだ年功序列が幅を利かせているのに対して、米国では能力主義が主流である。ヒンズー教徒とイスラーム教徒は食習慣の相違がまるで異なるので私達は十分に注意しなければならない。日本と同じく仏教徒が多いタイでは子供の頭を撫ぜると白い目を向いて怒られる。タイでは聖霊が宿るとされる頭に触れられることを嫌悪する習慣があるからだ。

要するに相手文化の無知が予想外の落とし穴に躓かせてしまう。日本は米国と異なりほぼ単一民族であるから、異文化とのお付き合いは外国語の習得とその活用だと錯覚しがちである。ここが日本人の最大の誤解である。外国語教育も異文化の理解なしでは本当のコミュニケーションはできないし、また、あまり効果がない。つまり、異文化には異なるルールがあるので、何事も自文化のルールで仕切ろうとしても誤解や反発を招くのがオチである。善意の発言が侮辱的と誤解されることは珍しくない。

最初に述べたように情報通信の革新（ＩＴ革命）は確かに私達から空間と時差の概念を消してしまう。こうして世界が狭くなると、国籍の意識が薄くなり、地球村落の住民のような自覚が徐々に生まれるのであろう。しかし、真の心理面や情緒面での距離はそれに比例して縮まっているだろうか。異なる文化の人々との真の意思疎通のギャップはなかなか埋められそうにもない。率直に観察するとこのギャップが無用な誤解や混乱を招いている。「異なる文化の人々は異なる心理世界に住んでいるのだ」という単純だが、実は重大な事実を理解しなければならない。例えば虹の色の数でも民族によって異なるのだ。日本では虹の色は七色だと考えているが、欧米では六色、アフリカの一部の部族では四色とか二色にしか見えない。

異文化間コミュニケーション（INTERCULTURAL COMMUNICATION）は単なる文化相互間の交流と捉えられる危険がある。実態はもっと深くて、文化背景を異にした「個人」間で生じるコミュニケーションと把握されるべきである。これに似た英語として「CROSSCULTURAL COMMUNICATION」と「INTERNATIONAL COMMUNICATION」があるが、前者は「交差」という印象が強く、「一方的接触」のニューアンスがあり、後者は「国際コミュニケーション」つまり「国家間」とのニューアンスとなるのでいずれも好ましくないと思う。「国家間」交流は形式的、表面的な交流が中心となるが「異文化間」では実質的、生活面での交流となる。お互いに異なる分野を担っている。

なお、「コミュニケーション」の言葉の響きから読者は「マスコミ」を連想するかも知れないがこちらは和製英語なので混同しないように注意してほしい。私達が使用する「マスコミ」の概念を英語では「MASS　MEDIA」と表現している。

二　異文化コミュニケーションがなぜ米国で誕生したのか

まず、異文化間コミュニケーションの研究がなぜ米国で誕生し、開花したかについて触れておきたい。米国は宗教的迫害から逃れて欧州から清教徒（ピューリタン）が避難所として選んだ地であり、最初から宗教性が強かった。その後、米国は独立戦争や南北戦争の試練を経ながら、これを克服して、驚異的な発展を遂げた。世界各国から移民が到着し、また、奴隷売買の暗い歴史が負の遺産として残った。また、多数のアフリカ系市民が誕生した。全体として、多民族の人種的坩堝化はあまり進まず、異質集団がモザイク状のまま残り、いわば野菜サラダ型の国家となった。また、社会の実態は主流文化（WASP）と副次文化とが共存し、並存する形となった。

人種集団の中では黒人が公私にわたりひどい差別を受けた。その結果、人種差別廃止運動が澎湃として起こった。特に黒人の公民権運動（ＰＵＳＨ）が米国各地で六十年代頃より盛んになり、時には人種暴動が発生した。この間、米国はベトナム戦争の泥沼に入り、内外の紛争で自信喪失の状況となった。また、世界各地に進出した米国の多国籍企業も異文化の理解に無知だったため、反米デモに遭い、様々な挫折を味わった。そこで米国社会各層を構成する異質集団の研究が積極的に行われ、対策が検討された。こうして開始された国内の異文化研究、主として黒人等の副次文化の研究の成果は大学の研究発表や企業オリエンテーションの形で活用され、また、マスコミを通じて国民に広く公表された。

とは言え、この研究は無数の文化や行動様式が複雑に絡むため、結構厄介な代物であることは否めない。例えば日本人と日系ブラジル人とは人種は同じでも文化が異なるとか、日系アメリカ人と白人系アメリカ人とは民族が違うが文化は同じなどといった風に現実の関係は結構ややこしい。

ところでそもそも文化とは何か、そして文明との違いは何かについて考察しておきたい。これには諸説あるが基本的には人間の認知作用と行動様式が文化の産物である点ではほぼ異議はない。

したがって、ある異文化を知ればその文化を共有しているグループの行動パターンや思考様式を相当な確率で予想することができる。それにより摩擦や軋轢や誤解を事前に回避することが可能となる。ただし、文化には表に表れたものもあれば、隠れたものもある。特に後者は言語や行動の背後に深く埋め込まれた文化なので、その理解は容易でない。隠れた文化の把握は人の心の中を覗き込むようなもので至難の業である。この認知作業は行動の軌跡から帰納的に分析し、判断してゆくしかないと思う。一番肝心な点は「価値観（規範）の違い」である。米国の学者ホール博士は日本のような単一民族の社会は集団主義で「高コンテキスト社会」だから言葉はそれほど重要ではなく、「沈黙は金」であるが、これに対して、米国は多民族で個人主義の社会だから言葉は重要で「低コンテキスト社会」であり、「雄弁は金」となると喝破している。

ところで、文化の構成要素にはどんなものがあるのか。これにもいろいろな分類があるが、ハリス・モラン共著「異文化経営学」に範をとってみよう。この中で十項目のカテゴリーが示されている。

第一　言語と非言語のコミュニケーション（耳と目で理解できる文化）
第二　着物と装飾・住居・建築・町並み（目に見える文化）
第三　飲食物と食習慣（味覚の文化）
第四　時間意識（目に見えない文化）（以下同じ）
第五　褒章や表彰の仕方
第六　人間組織関係
第七　価値観と規範（善悪の判断基準やどの行動に優先順位を置くのか）
第八　自己意識と空間意識（独立性か相互依存性か。対人関係での空間距離）
第九　思考過程と学習過程（抽象的な思考を選好するのか、具合的な思考を尊重するのか）

第十　信念と態度（宗教伝統と死生観）

なお、文化についてはホール博士（EDWARD・T・HALL）の有名な「沈黙の言葉（THE　SILENT　LANGUAGE）」の著書がある。これは「価値前提」とも言われている。文化は言語化されていない沈黙の言葉としてそれ自体でコミュニケーション的価値を担っている。ある文化的共同体メンバーはその文化を支配する価値規範に従い、無意識にあるいは意識的に日常の行動を行っている。その価値規範がその文化のメンバーを拘束している。その拘束の牢獄の扉を開ける鍵はその社会の「習慣性」の発見である。これが分かれば秘密の鍵を入手したことになると言ってよいだろう。

三　文化と文明の違いは何か、「文明の衝突」とは何か

文化と文明の違いについてはいろいろな説があるが「岩波口語辞典」では次のように説明されている。「文化」とは世の中が開けて、生活水準が高まっている状態である。人類の理想を実現してゆく精神的な活動であり、また、技術を通じて自然を人間の生活目的に役立てる過程で形作られた生活様式およびそれに関する表現である。

「文明」とは精神的、物質的に生活が豊かである状態。文化と対比して、特に技術と実用に重点がある。

文明の対極は野蛮の世界である。文明開化とは人知が進み、世の中が進むことである。

また、ハーバード大学ウォーラスティン教授は、「文明」とは世界観、生活慣習、組織、文化（これには物質的文化と学問・思想・芸術等の高度の文化がある）などの特定の連鎖であり、ある種のまとまった歴史を形成し、他の文明と共存している、としている。

同じくハーバード大学ハンチントン名誉教授は次のように定義している。（「文明の衝突」サミュエル・ハンチントン著　集英社発行より）

「文明」を定義する要素の中で最も重要なのは宗教である。文明の輪郭を定めているのは言語、歴史、宗教、生活習慣、社会制度のような共通した「客観的要素」と人々の「主観的自己意識（ＩＤＥＮＴＩＴＹ）」である。「文明」は「文化の集合」である。「文明」は「文化を拡大」したもので、「文明」は「文化的な特徴と現象の集合体」として考えられている。文明と文化は人々の生活様式全般を言う。多少重複するがハンチントンは文明の特質を次のようにまとめている。

第一に文明は単数形と複数形があるが後者が実態に合う。

第二に文明は文化の総体であり、文化を拡大したものである。

第三に文明は包括的である。最も範囲の広い文化的なまとまりである。

第四に文明は滅びる運命にあるが、極めて長命でもある。長い物語である。

第五に文明は文化的なまとまりであって、政治的なまとまりではない。

ハンチントン理論では現在の主要な文明として八つを掲げている。すなわち中華文明、日本文明、ヒンドゥー文明、イスラム文明、東方正教会文明、西洋文明、ラテンアメリカ文明、アフリカ文明。

さらに現在の世界政治は冷戦時代（一九四七年から一九八九年まで）と相違して、イデオロギーや政治や経済ではなく、「文化の違い」や「文明」によって決められる。

現在は国際政治学的には「一極・多極の世界」であり、これが四つのレベルに分類される。まず、「超大国」は一つで米国のみが第一レベルに立つ。次は主要な地域大国である。これを第二レベルと称し、七つから八つの各文明を代表する。すなわち、中国、日本、ロシア、インド、独仏連合、インドネシア、イスラエル、イラン、ブラジル、ナイジェリア・南アである。さらに、第三レベルの地域大国としてはイギリス、ウクライナ、日本とベトナム、韓国、パキスタン、豪州、サウジアラビア、エジプト、アルゼンチン、エジプトが挙げられている。これ以外のその他の国々は第四レベルに属することになる。

現在の国際政治の世界では「超大国」が「第三レベルの地域大国」に接近し、「第二レベル」を圧迫しようとする。最終的には「西欧（欧米）」対「非西欧（イスラム）」の対決となる可能性がある。この対決の構図において儒教諸国がイスラム・グループに接近してゆく可能性がある。また、米中の対決の可能性もある、と不気味な予言をしている。文明の衝突こそ世界平和にとって最大の脅威であるので、文明に基づいた国際秩序こそが世界戦争を防ぐ、最も確実な安全装置である。米国としては国内での多文化主義を否定し、対外的には他国の文化や文明を尊重することが肝心である。文化と文明の多様性を受け入れて、共通性を追求するべきである。紛争が起きても「不干渉ルール」「共同調停ルール」「共通性のルール」により具体的に解決してゆかなければならない。

四　日本文化の特徴

異文化間コミュニケーションである以上、まずは日本文化の特徴を概括的に把握しておかねばならないと思う。しかし、日本のような古い歴史をもち、東西の接点として、古いものと新しいものとが混淆している国と国民の分析は容易ではない。そこで日本文化の特徴となる「鍵」言葉を使いながら分析を試みて見たい。

まず、「文明の衝突」の著者として有名なサミュエル・ハンチントン名誉教授（ハーバード大学）は日本文明の特徴について次のように観察している。

イ　日本は文化と文明の観点から孤立した国家である。

ロ　近代化はしたが西欧化はしていない。

ハ　革命がない。
ニ　親身な家族がいない。国外離散者（DIASPORA）もいない。
ホ　勢力均衡外交（BALANCING）ができず、伝統的に追随外交（BAND—WAGONING）を選択する。

もちろん、これには大いに反論もあろう。私の印象としては比較的に冷静かつ好意的な分析だと思う。ただし、わが国が中国等の儒教諸国の一部として、将来、イスラム・グループに加担した上で、欧米グループと戦争を交える可能性があると予測している部分は到底同意できかねる。

次に日本社会の特質や日米の相違点について、従来公表された主要な著書を紹介しつつ、「鍵」言葉を使いながらその特徴の分析を試みてみたい。

「タテ社会の人間関係」（講談社）の中で著書中根千枝（東京大学名誉教授）は次のとおり述べている。

「日本では場を強調し、ウチとソトの意識が強い。この感覚が先鋭化してくると、まるでウチ以外の者は人間でなくなってしまうと思われるほどの極端な人間関係のコントラストが、同じ社会にみられるようになる。知らない人だったら、突き飛ばして席を獲得したその同じ人が、親しい知人、特に職場で自分より上の人に対しては、自分がどんなに疲れていても席を譲るといった滑稽な姿がみられる。年功序列制は終身雇用制と密接に関係している。その弊害は能力と無関係な生年、入社年、学歴が実績の評価において決定的な役割を果たすという点である。西欧社会では個人主義や契約精神が根付いているが、日本人には契約の精神がまったく欠如している。日本は単一社会の理論が支配している。集団の生命は相互の人間関係自体にあるので、ムラ社会の枠を超える自己主張や思想が生まれる余地がない」

日米を比較するとどちらかと言えば日本はタテ社会、米国はヨコ社会の特徴を有していると言えよう。日本の会社や学校における先輩後輩の関係も典型的なタテ社会で、時々行き過ぎていびつな事件が明るみに出る。欧州は古い歴史や伝統があるもののどちらかと言えばヨコ社会に傾斜しているのではないか。日本の場合、儒教の影響が強く、ピラミッド型の父系社会であるが、最近は随分変化している。むしろ父母同系の現象が見えることさえある。また、欧米と比較して、タテ社会の弊害として、失敗すると、第二、第三のチャンスがない。この点、安倍首相が著書「美しい国へ」の中で、「一回の失敗で人生の決まる単線的社会から、働き方、学び方、暮らし方が複線化された社会に変えてゆきたいと思う」と述べて、教育の再生を訴え、再チャレンジの可能な社会をつくることを提唱している点は評価したい。「人生二毛作」の提唱でもある。

「ホンネとタテマエ」（ダイアモンド社）の中で、著書の仁戸田六三郎は次のように述べている。

「ホンネとタテマエの両者は流動的で、相対的であるが、タテマエがいくら立派でも、ホンネがそれに伴わなければ一種の詐欺となってしまう。大体において人間はささやかな善玉であり、ささやかな悪玉でもあるから自分をカッコよく見せたがるものである。同時にささやかな嘘もつかなければ人間関係はうまくゆかない。見え透いた嘘かもしれないが、ホンネをどこで露出するかがポイントとなる。タテマエの裏のホンネは容易に見抜かれる。見抜かれてもタテマエを守って、それを実行すれば世の中はスムーズに渡れる。西欧人のタテマエの原点は自然でなく超自然である。人間の精神は自然の法則から独立して自由でなければならない。人間の自由は隣人愛を前提としたもので、無条件の自由はなく、責任を当然の前提とする。西欧人のタテマエは自然は人間によって支配されるが、そのタテマエを実行し初期の目的を達成するためには人間は自然に従わねばならない、とする。義理と人情はいつもアベックでペアの関係にある。義理がタテマエで人情がホンネ、義理のため人情を殺さねばならないこともあれば、人情のために義理を袖にすることもあろう。これは紙一重の裏表の関係で、理想論と現実論の立場の使い分けを上手にやって行くのが、世渡り上手、と言われる。二足の草鞋を履く、とか分別面（ズラ）とかいう表現もある。ただ、二枚舌との烙印を押されないように警戒する必要がある。使い分けの決断、腹、も必要。科学的発想と人間的発想の対立または西欧的合理主義がタテマエで、日本の伝統的価値観がホンネとしても、日本では異質の文化が共存している」

結局、日本の社会では世間知らずの若者は見え透いたタテマエを批判するが、彼らも実社会に出て馴染むと、やがて嘘のタテマエを心得て、ホンネを適当に処理してゆく。もし、いつまでもタテマエ・オンリーの馬鹿正直を通すと自分の首を絞めてしまう。要は自分のホンネをどういうタイミングで出すか、かつ、そうしても波風を立てないように済ませることができるかによって人の価値が決まるのだろう。「甘えの構造」（弘文堂）の著者土居健郎氏は日本人の精神構造の特徴として「甘え」について次のように論じている。

「甘えは日本人の精神構造を理解するための鍵概念となるばかりでなく、日本の社会構造を理解するための鍵概念ともなる。中根千枝氏のタテ社会論は甘えの重視としても規定できる。日本語の語彙の中に甘えの構造が見える。すねる、ひがむ、ひねくれる、うらむ。いずれも甘えられない心理に関係している。たのむ、こだわる、きがね、わだかまり、てれる、くやむ。これも甘えの視点で考察すると理解しやすい。甘えは相手の愛情をあてにする感情であり、一体化（精神科医フロイドのIDENTIFICATION、ATTACHMENT）が許容されている場合に起きる感情である。他方、甘え（AMAE）は日本的感情であるが、普遍的意義も肯定できる。日本では依存的な人間関係が社会規範に取り入れられているのに、欧米ではそれを締め出しているために前者ではそれが発達し、後者では発達しなかった。しかし、欧米の社会にも甘え（DEPENDENCE）は見られる。」

日米文化の比較論としては「菊と刀」に登場する「罪の文化」と「恥の文化」の対照が分かりやすい。

米国の社会人類学者のルース・ベネディクト女史が「菊と刀」（THE CHRYSANTHEMUM AND THE SWORD）を発表したのは第二次世界大戦で日米両軍が熾烈な死闘を展開している最中だった。「日本人はこれまで米国が歴史上戦った敵の中で、最も気心の知れない敵だった。米国が大国を敵とする戦いで、これほど甚だしく異なった行動と思想と習慣とを考慮の中に置く必要に迫られたことは今までにないことだった」。ベネディクト女史は著書の冒頭でこう告白して、次のように「罪の文化」と「恥の文化」について述べている。

「日本人は西欧の学問に熱中すると同時に熱烈な保守主義を持つ。美を愛し、俳優や芸術家を尊敬し、菊作りに秘術を尽くす国民が、同時に刀を崇拝し、武士に最高の栄誉を帰する。これらすべての矛盾が日本人の縦糸と横糸で、いずれも真実である。刀も菊も一つの絵の部分である。日本人は最高度に喧嘩好きであるとともに、おとなしく、軍国主義であるとともに耽美的であり、不遜であるとともに礼儀正しく、頑固であるとともに順応性に富み、従順であるとともにうるさく小突き回されることを憤り、忠実であるとともに不忠実であり、勇敢であるとともに臆病であり、保守的であるとともに新しいものを喜んで迎え入れる。日本人は自分の行動を他人がどう思うだろうか、ということを恐ろしく気にかけると同時に、他人に自分の不行跡が知られないときには誘惑に負かされる。日本人は世間がうるさいから自重せねばならない、などと言う。これは自重が外面的強制力に基づくことを述べた極端な表現である。正しい行動の内面的強制力を全然考慮においていない表現である。日本人は罪の重大さよりも恥の重大さに重きを置いている。道徳の絶対的基準を説き、良心の啓発を頼みとする社会は罪の文化（GUILT　CULTURE）と定義できる。罪を基調とする文化では罪を告白し、懺悔することにより、心の重荷を下ろすことができる。しかし、恥を基調とする文化では告白しても一向に気が楽にならない。逆に、世間に露見しないかぎり、悩むことはない。告白はかえって苦労の種となる。したがって、恥の文化（SHAME　CULTURE）は人間に対しても、神に対しても、告白する習慣はない。幸運を祈願する儀式はあるが、贖罪の儀式はない」

ベネディクト女史の説は「罪の文化」が「恥の文化」より優れているような印象を与える点は賛成できないし、また、両者がまったく無関係であるかのような論じ方は間違っていると思う。すなわち、罪を犯した人間はどの国であれ、恥じる感情を持つはずである。日本人が罪を犯せば良心の呵責を感じるが、日本人の場合は自分の集団を裏切ることに最大の罪悪感を感じているので、単にその度合いが強いということであろう。よく「世間をお騒がせして、申し訳ありません」という趣旨の遺書を残して、社長や父親や母親が自殺することがある。これも「恥の文化」の基準で見ると欧米人には分かりやすいのであろう。

五　異文化の人々とのおつき合いのコツ

異文化と、そして、異文化の人々とのおつき合いのコツは何であろうか。つきつめて考えると相手と自分との「違い」を知ること、さらに、この点が一番重要なのだが、その「違い」が発見されても、相互の文化の間には優劣がない、という認識に立つことである。「リンゴ」が好きか「バナナ」が好きかは個個人で異なるように、どの国も、どの社会も長い伝統や文化があり、自己が置かれた環境やいろいろな条件により多様な選択肢が存在している。私達は自国の文化を相手に強要してはいけないことはもちろんであり、同時に、相手の文化を否定することも許されない。つまり、「文化相対主義」の立場を堅持しなければならない。この点の認識が「異文化とのおつき合いのコツ」だと言ってよいと思う。このように異なる文化を尊重することにより、異なる国々の人々と友好的に、かつ、親しくおつき合いすることができるようになる。世界平和はこの相手の文化を相互に尊重することによってこそ可能となる。「知ることは超えること」の格言は真理である。

第三章　アジアは大事な町内会（図3－1）

一　昔からわが国に馴染みのある「アジア」とは

昔からわが国に馴染みのある「アジア」とは「唐天竺」、つまり「中国やインド」とされてきた。この他に「ルソン」（フィリッピン）、「南蛮」（ベトナムやカンボジア）、ジャワ（インドネシア）などが話題とされていた。

アジアは日本にとり大事な町内会のような存在で、仮に嫌いでも他所へ引っ越すことはできない。しかも、今やアジアは世界の成長センターというお墨付きを世界銀行から頂戴しているので、日本は地政学的にラッキーな位置にあるといってよいだろう。ただし、安全保障面では米国との繋がり、また、経済活動面では台頭する中国やインドと如何におつき合いするかが、むしろ今後のキーポイントとなる。また、資源大国のインドネシアや豪州、さらに、日本の石油の八割強を供給する中近東の産油諸国との

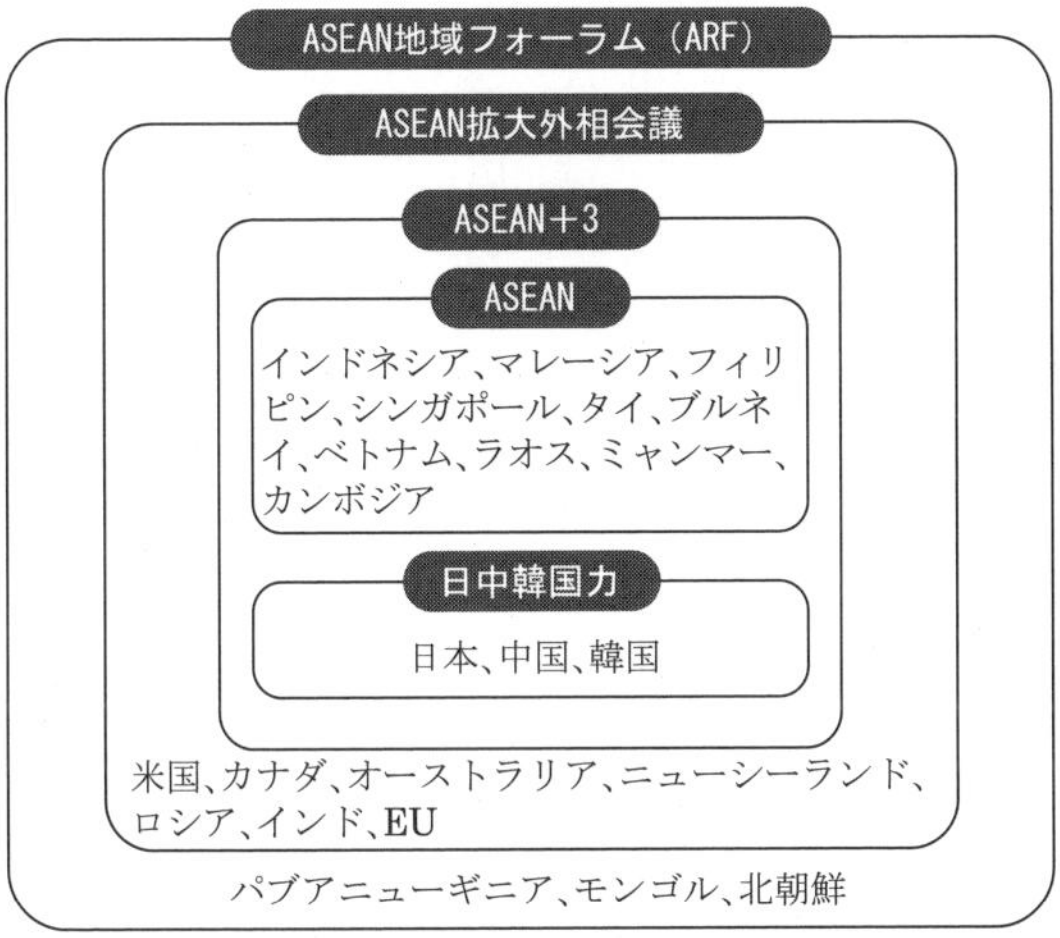

図３－１　ASEANの成長

関係も重要である。通商、市場、資源、投資先、ODA、安全保障、政治的安定等いずれの観点からも、「もちつもたれつ」の関係にあるアジアの重要性はいくら強調してもし過ぎることはないと思う。こんな豊かな、かつ将来性のある町内会の有力メンバーであることに日本は神様に感謝しなければならない。「アジア丸」の同船者であり、「運命共同体」の関係にある。日本はリーダー格としてアジアの期待に背かないように奉仕しなければならない。こうして身を捨てて、町内会の平和と繁栄のため奉仕してこそ日本が浮かぶ瀬もあるということを肝に銘じるべきだと思う。

それにしても一口に「アジア」と言っても実に広大で手のつけようがない。世界人口の六十五億の実に六割、面積の五割、GDP四分の一を占めている。明治の思想家、岡倉天心が「アジアは一つ」と唱えたが、アジアの多様性を考えると、彼の言葉はとんでもない暴言かも知れない。しかし、彼の意図がアジアが団結しなければ、欧米諸国の帝国主義の餌食となり、奴隷に等しい植民地の運命に堕するぞ、という警告なら正論だと思う。

アジアを大雑把に分けてみると「北東アジア」「東南アジア」「南アジア」「北アジア」となる。この他、ロシアのシベリア地方は北アジアに入れて考えたい。また、南太平洋の大洋州諸国も重要な地域である。これは「南太平洋アジア」と言えるだろう。米国等ＡＰＥＣメンバーや太平洋の島嶼諸国もアジアの重要なパートナーと考えてよいと思う。この地域は全体として「環太平洋諸国」と呼ばれている。この広大なアジアの特徴を「アジア情勢を読む地図」（浅井信雄著・新潮文庫発行）を参考にして整理してみよう。

第一番の特徴。アジアは多様性とその深さが巨大である。

人口の規模、宗教。複雑な地勢等が他の大陸と比較しても群を抜いている。

第二番目の特徴。複数の重い巨大文明が存在する。

中国、インドという巨大な文明が大河を形成し、周辺国に様々な影響を及ぼしている。

第三番目の特徴。潜在的に豊かな国があるが、様々な国家戦略からスタイルが異なる。

民主・自由を基本とするインド、政治の自由化はないが経済の自由化を達成しつつも統制・管理色を拭えない中国。西欧化はしないが欧米先進国と同水準の近代化を成し遂げた日本。この体制や社会の価値基準の相違が「東アジア共同体」の誕生などを困難にさせている。

第四番目の特徴。冷戦の後遺症がある。

まず、南北朝鮮の分断国家がある。「中国は一つ」と唱えながらも、中国は軍事的に台湾を吸収しようとの野心を捨てていない。台湾海峡に危機が生じた場合、米国はもちろん、日本も軍事介入する可能性が論議されている。中国はこうした動きを内政干渉として嫌悪している。

第五番目の特徴。経済的自由と政治的統制が共存する。

中国、ベトナム、ラオス、モンゴルは市場経済を目指しながらも、政治的には社会主義体制を堅持している。統制と自由の二重路線である。北朝鮮（ＤＰＲＫ）は冷戦時代の化石として、統制経済や計画経済を軸としながら、中国経済の模倣を試みては失敗している。今や「破綻国家」に堕し、餓死者三百万という戦慄するような情報がある。

第六番目の特徴。熱烈な宗教色が社会を牛耳っている。インドネシアは世界最大のイスラム国家であり、インドも世界最大のヒンズー教の国家である。しかし、両国ともタイの仏教と同様に、「国教」を指定せず、世俗国家（セキュラー）の立場を維持している。中国では原則に宗教の自由を認めず「宗教は麻薬」との立場をとるが、伝統的な儒教は生きている。また、新興宗教の気功集団「法輪功」は禁止されているものの、しぶとく生き永らえている。

第七番目の特徴。核武装国の存在が不気味である。

途上国ながら、核武装を自認する国が従来の中国、インド、パキスタンの三か国に加えて、二〇〇六年十月に、国際世論を無視して実験を強行した北朝鮮（ＤＰＲＫ）を加えると、四か国となる。シベリア等北アジアをかかえるロシアを含めると、核保有国は四か国にも及ぶ、日本は核保有国に見事に包囲されている。また「米国の核の傘」がどれほど意味があるのか常時検討して国民を納得させておく必要がある。さもなければ日本の核武装論が浮上してゆく。ただし、アジアでも反核運動が激しく、朝鮮半島の非核化が当面の緊急課題であろう。

第八番目の特徴。米軍に対してアジア住民は愛憎交々（アンビバレント）な感情を有している。いわば余所者の米国が最強の軍事力をもって、アジア全域で行動し、安全保障を担っている。アジア諸国は米軍に対し、依存したいが、警戒もするという心理状態にある。冷戦時代に米国と張り合ったソ連経済はいったん崩壊したがプーチン大統領の辣腕で復興が著しい。現在では中国が米国と衝突するのではないかとの説があり、ハンチントン教授も「文明の衝突」の中でその可能性について触れている。また、国連安保理の制裁決議もあり、北朝鮮（ＤＰＲＫ）の核施設に対する軍事攻撃も取り沙汰されている。

第九番目の特徴。華僑や印僑の存在を認識する必要がある。

両者は古典的な多国籍集団で、華僑は五千万人と推計されている。印僑はアジア太平洋の他、中近東やアフリカにも多い。また、レバノン・シリア僑集団も結束が固い。

第十番目の特徴。アジア域内には植民地の支配・従属の歴史の影が残る。

欧米列強はアジアでも多くの植民地を支配していたが、これに加えて、同じアジア人の日本との支配・被支配の関係にあった国がある。過去の歴史の負の遺産としてデリケートな問題を孕んでいる。特に日韓関係では加害者と被害者の関係で民間会社に対しても補償問題が浮上している。慰安婦問題や靖国神社参拝問題等もこれに絡んで論じられている。

二　町内会の有力メンバーの横顔

朝鮮半島（図3―2）

・「南」、つまり「大韓民国」は近くて近い国、「初めてなのになぜか懐かしい」（韓国観光公社のポスターの言葉）の言葉がピッタリである。今やGDPでは世界第十二位の経済強国で、高い国際競争力を持つ。
・〇七年一月からは新国連事務局長に藩基文（バン・キムン）が就任する。アジアの誇り。
・対日感情は愛憎交々（AMBIVALENT）、受容と反発がある。「歴史認識」は韓国にとって大事な対日カードである。もし、日本人が「日本もよいことをした」と発言すると、その「も」を

図３－２　北東アジア

「妄言（マオオン）」として猛反発する。この点につき、「醜い韓国人」著者の朴テヒョクは、日本人は過去の批判に従順に応じるからこれがROKにとり最大のカードとなる。中露英仏和は過去について贖罪感無しである。「韓国人の歴史観」の中で著者の黒田元（元共同通信ソウル支局長）は韓国人は慰安婦問題で対日道徳的優越感を得て、民族的優越感を確保する必要があると考えている、と述べる。

・「角が立つ韓国人、丸く治める日本人…チョッパリをつかんだ韓国人」著者王秀英（ワンスンヨン）はこう語っている。

日本語の表現が分りにくい。ほんの気持ちばかり？波風を立ててはいけない。日本人の思いやりとは？十二時二九分の電車に乗れない！日本人が「あと一週間しかない」と言う時、韓国人は「まだ一週間もある」と言う。クサヤとキムチチゲはどちらが臭い？お子様ランチを注文してもなぜか大人は駄目だと断られる。日本人には冗談を言うな。敬語を使う韓国人は教養がない？終戦記念日は解放記念日で韓国の老女は泣く。

・「初めて住んで判る違い」田丸伸治著。韓国駐在中に韓国人を自宅に招待すると勝手に冷蔵庫を開けて醬油、ソース、粉ミルクを取るので、「親しき者の間にも礼儀あり」とたしなめると、「親しいからこそそうするんだ」と答えるので唖然としたという体験談がある。

・「等身大の韓国人、等身大の日本人」三養食品会長（韓国人）著。

日本が朝鮮併合をしたのは当時の国際情勢の中では不幸中の幸いだというべきで。中露の支配下にされるより遥かにましだった。

・「韓国が死んでも日本に追いつかない十八の理由」

百瀬格（前トーメン・ソウル支店長）は著書（文芸春秋）の中で韓国批判をしているがホンネと愛情があるので大変評判がよい。彼は日本人へ次のような忠告をしている。

韓国人が日本人に心から望んでいることは物質面だけでなく、精神的にも先進国になることである。

韓国人をはじめ、アジアの人々は日本人に「心」を見いだせないでいる。だから、日本人はホンネを見せなければならない。「日本人よ、韓国は外国だ。それも特別な外国だ、と記憶せよ」。

日本人は日韓関係の歴史（文禄慶長の役・李舜臣提督・朝鮮併合・安重根・「三・一事件」・光復節・朝鮮動乱（ユギオ）・太陽政策・慶尚道VS全羅道・竹島領有権問題・靖国神社参拝等歴史認識）を知る義務がある。現代史を欠く日本の歴史教育行政の欠陥を思い知らされる。

・坂本吉弘（エネルギー経済研理事長）は（日経・明日への話題）韓国を信義と礼譲の国として紹介している。某日本人長期駐在員は「韓国人ほど礼儀正しく親日的な人々はいない。本当に住みやすい国だった。反日はあるが政治的思惑が強い」と述懐している。韓国石油企業ＳＫ社元社長劉承烈氏は講演で「アジアの存在感を世界に高めるためには北東アジア諸国がもっと緊密に連携しなければならない」と訴えている。国際政治学者で前駐日韓国大使崔相龍氏は「韓国人には日本人に対する尊敬の気持ちがある。日本人には逆にないでしょう。伝統的価値を維持しつつ近代化をいち早く達成した日本はアジア人から尊敬を得るのに値する国です」と述べている。このように日韓の恩讐を超えた連携はアジアがその存在感を高めながら新しい世界を生き抜いてゆく要となる。

・韓国人作家鄭（チョン）然喜女史は朝鮮日報（八二・八・一九付）の中で次のように論じて、韓国人に猛省を促している。これは韓国社会の健全さを裏書するものだろう。

韓国人はいつまで日本の存在が必要なのか？「反日」は韓国の都合に他ならない。要するに「韓々問題」に過ぎない。もう日本離れが必要だ。反日は自分の欠陥から目をそらすだけだ。「克日（クツイル）」、そして「克己」が必要だ。何よりも国力を培養して強くなればよいのだ。

・韓国人が日本に来て驚くことが多い。上下の隔たりがない。教授の前でタバコを吸う学生がいる。職業（サオプ）に貴賎がない。韓国の親は人に負けるなと怒鳴る。儒教の影響はあるが韓国人は孝行に、日本人は忠義に重点を置く。百里の道も九十九里をもって道半ばとせよ、と日本人は言う。韓国では始めたらコトは半分達成されたも同然だ、という。なお、韓国にもソンマウム（ホンネ）とコッチレ（タテマエ）や体面がある。

・最近では新しい風が吹き始めた。金大中前大統領の時代に日本文化解禁があり、ワールドサッカーが日韓共催となった。また「親日派のための弁明」（金ワンソプ著・草思社）や「米日韓・反目を超えた提携」（ヴィクター・チャ著・有悲閣）のような未来志向的な内容の著書も生まれてきている。

・「北」との軍事境界線に世界最大の地雷原があり、双方で百万以上の軍隊が睨み合っている。この緊張感は尋常なものではない。韓国の若者は二年三か月の徴兵に服するので兵役を終えると性格も一変するが、人間もしっかりしてくる。

・「北」朝鮮（DPRK）は「近くて遠い国」。悪の枢軸で破綻国家。金王朝の体制維持が最優先で「先軍政治」を行う。日本に対しては「恫喝と求愛」の情を有する。拉致事件等重大な問題がある。ピョンヤン日朝共同宣言（〇二・九・十七）を厳守できるのか？・金正日は永渕剛の大ファンである。金正日の後継者問題（長男金正男か、次男金正哲か）が浮上しつつある。〇七年二月に久しぶりに開催した第六回「六者協議」の行方（前回は〇五・十二）が混沌としている。国連安全保障理事会が全会一致で採択した決議「一七一八」（〇六・十・九）の効果が「北」を動かした。経済制裁や会議への無条件復帰を求める内容だが、真の目的は「ミサイルの完全で検証可能な逆戻りできない廃棄（CVID）」の実行である。ミサイル発射問題（〇六年七月五日）や核実験強行（〇六年十月九日）で北朝鮮（DPRK）を巡る深刻な問題が浮上している・先軍政治も金王朝自体も動揺している。国連安保理および日本の制裁実施・三百万人の餓死者を出して何が「主体思想（チュチェ）」などと嘯けようか？　日本はあくまでも「拉致問題」の解決を優先事項として粘り強く「北」に要求し続けねばならない。国民の総意だ。

中国とどう向き合うか（図3−2）

・中国のイメージとは、人口十三億人、五千年の歴史、日本二十五倍の面積、世界遺産（万里の長城）、世界最大の発電所と三峡ダム、GDP世界第六位、世界最大の外貨準備高、躍進著しい経済成長で

ＢＲＩＣＳのメンバーとして今世紀半ばには米国を抜くと言われるが国内問題も深刻である。「五分野から読み解く中国」（家近亮子・唐亮・松田康博共著・晃洋書房）は「反日デモでは矛先が自分達（胡錦濤現政権）に向かいかねないとの危機感を抱いている、中国社会には二十数年にわたる改革開放のツケが深刻化している」と警鐘を乱打している。天安門事件（「六・四」事件）。対日恐怖心と中国脅威論、中国の発展は日本にとって「脅威」か、それとも「好機」か。北京五輪（二〇〇八年）と上海万博（二〇一〇年）は成功するか？

・中国人と日本人は「長年連れ添った老夫婦」のような関係で、今さら別れる訳にもゆかない。等身大の中国人と日本人を見つめ合おう。日中両国人の間には「愛憎、反撥と敬意」（ＡＭＢＩＶＡＬＥＮＴ）な関係が存在する（北京大学日本学研究所長厳先生談）。これは「本当は日本に憧れる中国人」（王敏著・ＰＨＰ新書）で「日本人に対して、憧憬と嫌悪とが同居している」と述べているのと符号している。

・蔣介石は「恨みに報いるに徳をもってする」と述べ対日賠償請求を放棄した。毛沢東は「過去のことは忘れよう」、周恩来は日本人が「前事を忘れず、後事の師とする」と約束したと感じ、同じく対日賠償請求を放棄した。鄧小平は「未来に生きよう」と宣言したが、江沢民は共産党の地位低下による民衆の不満を対外的愛国主義（特に反日デモ無罪）に転換した。胡錦濤は上海閥との権力闘争の過程を克服しつつ対日関係を新思考外交として未来志向的に修正したいと考えているのではないか？

・一九八九年六月四日の天安門事件の責任を取らされて失脚した悲劇の総書記胡輝邦の政治的遺言は「狭隘な愛国主義を否定し、歴史の教訓から知恵を汲め」とするものである。

・日中国交回復（一九七二年）の時田中首相の「ご迷惑をおかけした、添了麻煩テイエンラ・マーフアン」に周恩来首相が反撥した。「ご迷惑」の表現が余りにも「軽い」との反発であろう。

・「頑固な中国人、曖昧な日本人」孔健著：日本人は忘れっぽい。情報音痴でタテ社会であるが、中国人は温故知新、情報力があり、ヨコの連帯が強い。同郷意識が強くありコネが重要となる。日本人は職人で、中国人は商人である。中国人は個人の存在からすべての判断や行動をスタートする。独立精神が強い（白手起家）。日本人は全体、集団、組織を考えて判断し、行動する。群れをなす狼だ。島国的、短気、集中豪雨的である。日本人は「善は急げ」だが、中国人は「急がば回れ、明日はどうなるか分らない」との立場をとる。中国人にとって何よりも「面子」が大事で、初対面で相手の目から心を読み取る。信義が確立してから初めてビジネスをスタートする。

・中国人が大事にする「仁」とは「愛を超えたもの、相手の気持ちを推し量ることができる深い心」であるが、日本人にはこれがない。中国人は三分が商売、七分が情誼である。中国人はイエスとノーを明確に表現する、これは欧米人に近い。日本人は曖昧で十六通りのノーがある。日本人は酒席を利用して仕事をしようとするが、中国人はこれに反撥する。また、酒席の無礼講を軽蔑する。

・「中国が嫌われる七つの理由」黄文祐著：一人の中国人は龍だが三人の中国人は豚になる。日本人は一人だと豚だが、三人の日本人は龍になる。

・「手に取るように中国のことが分る本」（アジア太平洋政策研究会議編）：中国人は自己中心主義、道徳観念が薄い、法を守らない、周囲への迷惑が気にならない、その場主義のしたたかな性格であると、厳しいコメントをしている。確かに「法治主義」でなく「人治主義」だとよくいわれる。

・中国人の気質の違いは地域により大きい。華南人（広東等）はお金のためなら国さえ売る。華東人（上海等）は算盤が合えば約束を守る。華北人（北京等）は義理がすべてに優先する。

・「我々留学生生活」（フジテレビ・張怜悧制作）のメッセージ「苦労は我慢できるが日本人に無視され見下げられるのが一番辛い、日本の社会は冷たいが地方の日本人は親切。都会では外国人お断りのことが多い、心から親近感がもてない」

・中国は米国の覇権主義的行為に反撥し、「一極体制」を「多極体制」へ移行させたい。日本は対米追従姿勢なので第三者の目には「米国の小さな弟」として映り、尊敬されない。対米関係は「対立と協力」の姿勢で、七割の協力と三割の反対で臨む。米国は強く発言する敵に対しては奇妙に好意を抱く傾向にあると分析し、中国は今や唯一「ノー」と云える国として世界が尊敬している。「やがて中国との戦いが始まる」（ロス・マンロー著）は誤った分析をしている。中国の二千年の外交的経験の蓄積を無視して、過去三百年の物差しでのみ論じている。

表3－1　アジアへの貢献度指標ランキング

国　　名	貢　献	国　　名	貢　献
①米国	102.1	⑫カナダ	6.6
②日本	61.5	⑬スペイン	4.4
③ドイツ	20.4	⑭スウェーデン	1.7
④韓国	20.2	⑮アイルランド	1.6
⑤中国	18.5	⑯フィンランド	1.4
⑥英国	17.9	⑰スイス	1.4
⑦オランダ	16.0	⑱デンマーク	1.4
⑧オーストラリア	11.7	⑲ニュージーランド	1.3
⑨フランス	9.1	⑳ギリシャ	1.0
⑩ベルギー	8.5	㉑ノルウェー	0.8
⑪イタリア	6.9	㉒オーストリア	0.8

出所：日本経済研究センター
注）単位は百分の一%、データは2004年の貿易と2003年のODA、銀行融資、直接投資から算出したもの

表3－2　日本の円借款供与累計額上位5か国

順　位	国　名	供与金額累計
①	インドネシア	3,822,865
②	中国	3,047,181
③	インド	2,246,189
④	フィリピン	2,032,674
⑤	タイ	2,009,300

出所：外務省、ODA白書、2005年から
注）2003年度までの累計額、単位百万円

・日中懸案問題として、尖閣諸島、東シナ海海底油田開発問題、靖国参拝、従軍慰安婦、南京虐殺、石井七三一部隊（過去の「五・四運動」「九・一八事件」「七・七事件（盧溝橋）」、孫文や魯迅の存在）ある。最近では新思考外交が浮上し、特に「日本はもう中国に謝罪しなくてもよい」（馬立誠著・文芸春秋）では

日中は未来志向的に共生すべしと強調しているがこれを読むと希望を感じる。愛知大学渡邉浩平教授レポート「中国大衆文化に見る日本好きと日本嫌い」が興味深い。レポートでは中国人が日本のサブカルチュアへ憧憬しつつ、過去の戦争へは過度の非難をしており、その矛盾を感じていないことに気がつく。日本映画は自分たちの価値観にピッタリ、キムタクは好きだけど日本人は嫌い、工藤静香を呪い殺してやる云々と述べている。

・香港の返還交渉で中国の「一国二制度」案はサッチャー首相を唸らせたが、将来「一国三制度」案を台湾問題解決策として、中国が提案する可能性があると思う。その香港で筆者は香港人に「中国人は日本人を尊敬しているが、日本人に思想が欠如しているのが残念である」と言われて絶句した。「思想」とは何か？「戦略」なのか？「哲学」なのか？未だに答えが見つからない。台湾には「超級日本迷」「ハーリーズ」が多い。こんな世界有数の親日国は実に貴重な存在だ。

アセアン（ASEAN諸国）の人々（図3－4）

・戦前は「南洋」「大東亜共栄圏（日本軍占領時代）」と呼ばれたが、アセアン十か国のうち、タイを除くすべての地域が欧米の植民地として苦しんで来た。インドネシア（宗主国はオランダ）、フィリッピン（米国）、マレーシア（英国）、シンガポール（英国）、ミャンマー（英国）、ブルネイ（英国）、ベトナム（フランス）、カンボジア（フランス）、ラオス（フランス）。

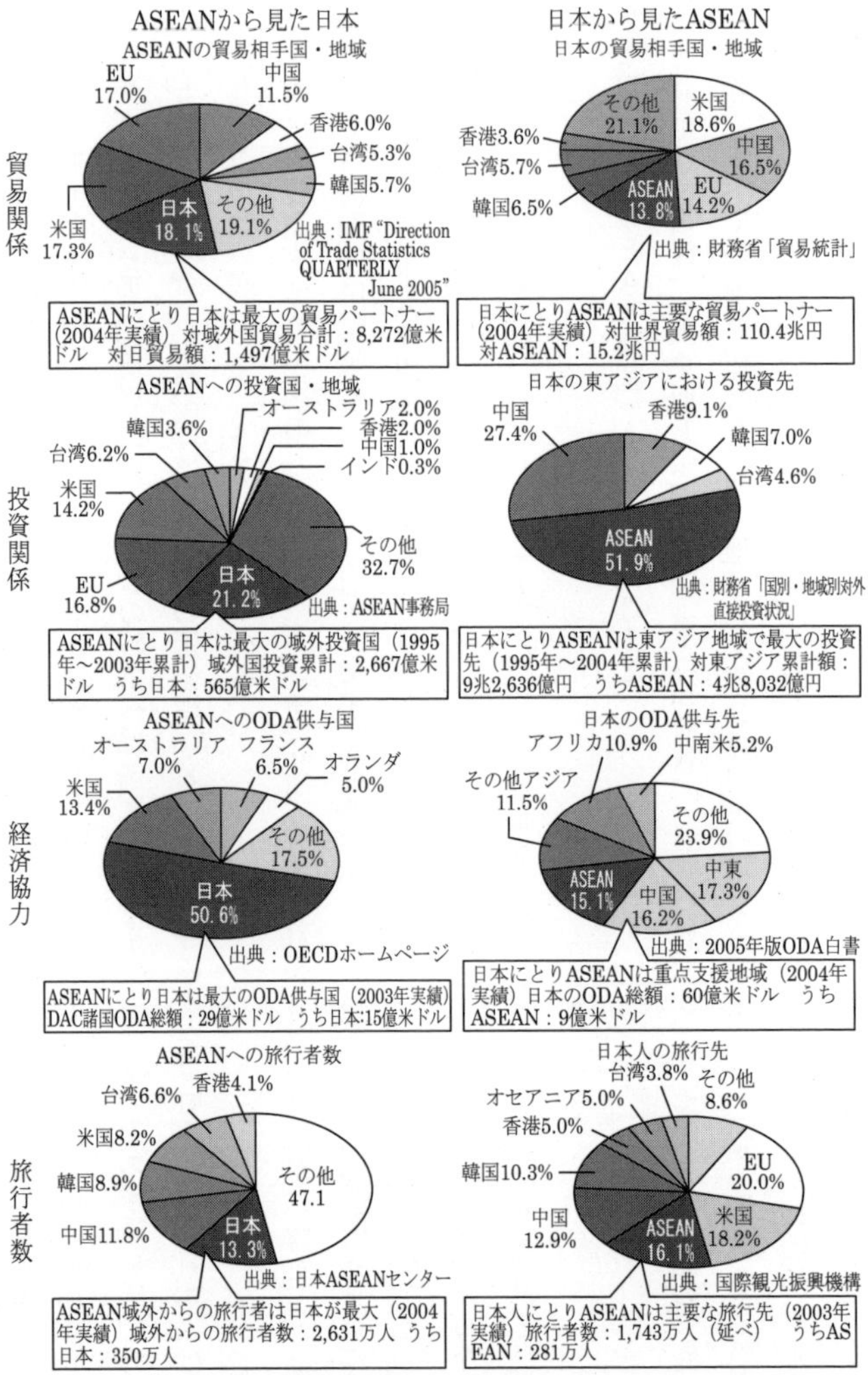
ASEANから見た日本
日本から見たASEAN
貿易関係
ASEANの貿易相手国・地域
EU 17.0%
中国 11.5%
香港6.0%
台湾5.3%
韓国5.7%
その他 19.1%
日本 18.1%
米国 17.3%
出典：IMF "Direction of Trade Statistics QUARTERLY June 2005"
ASEANにとり日本は最大の貿易パートナー（2004年実績）対域外国貿易合計：8,272億米ドル　対日貿易額：1,497億米ドル
日本の貿易相手国・地域
その他 21.1%
米国 18.6%
中国 16.5%
EU 14.2%
ASEAN 13.8%
韓国6.5%
台湾5.7%
香港3.6%
出典：財務省「貿易統計」
日本にとりASEANは主要な貿易パートナー（2004年実績）対世界貿易額：110.4兆円　対ASEAN：15.2兆円
投資関係
ASEANへの投資国・地域
オーストラリア2.0%
香港2.0%
中国1.0%
インド0.3%
韓国3.6%
台湾6.2%
米国 14.2%
その他 32.7%
日本 21.2%
EU 16.8%
出典：ASEAN事務局
ASEANにとり日本は最大の域外投資国（1995年～2003年累計）域外国投資累計：2,667億米ドル　うち日本：565億米ドル
日本の東アジアにおける投資先
中国 27.4%
香港9.1%
韓国7.0%
台湾4.6%
ASEAN 51.9%
出典：財務省「国別・地域別対外直接投資状況」
日本にとりASEANは東アジア地域で最大の投資先（1995年～2004年累計）対東アジア累計額：9兆2,636億円　うちASEAN：4兆8,032億円
経済協力
ASEANへのODA供与国
オーストラリア 7.0%
フランス 6.5%
オランダ 5.0%
米国 13.4%
その他 17.5%
日本 50.6%
出典：OECDホームページ
ASEANにとり日本は最大のODA供与国（2003年実績）DAC諸国ODA総額：29億米ドル　うち日本:15億米ドル
日本のODA供与先
アフリカ10.9%
中南米5.2%
その他アジア 11.5%
その他 23.9%
中東 17.3%
中国 16.2%
ASEAN 15.1%
出典：2005年版ODA白書
日本にとりASEANは重点支援地域（2004年実績）日本のODA総額：60億米ドル　うちASEAN：9億米ドル
旅行者数
ASEANへの旅行者数
台湾6.6%
香港4.1%
米国8.2%
韓国8.9%
中国11.8%
その他 47.1
日本 13.3%
出典：日本ASEANセンター
ASEAN域外からの旅行者は日本が最大（2004年実績）域外からの旅行者数：2,631万人　うち日本：350万人
日本人の旅行先
台湾3.8%
その他 8.6%
オセアニア5.0%
香港5.0%
韓国10.3%
EU 20.0%
中国 12.9%
ASEAN 16.1%
米国 18.2%
出典：国際観光振興機構
日本人にとりASEANは主要な旅行先（2003年実績）旅行者数：1,743万人（延べ）　うちASEAN：281万人

図３－３　日本とASEAN（貿易・投資及び経済協力・旅行者数）

出所：2006外交青書

注）四捨五入の関係上、合計が一致しないことがある。

図３－４　ASEAN

・多様性が特徴である。政体は立憲共和制（シンガポール、インドネシア、フィリッピン）、立憲君主制（タイ、マレーシア、カンボジア、ブルネイ）、社会主義体制（ミャンマー、ラオス、ベトナム）である。ミャンマーは軍政でもあり、問題が多い。宗教も、イスラム教（世界最大のインドネシアの他にマレーシア、ブルネイ、フィリッピン南部）、仏教（ミャンマー、タイ、シンガポール、ラオス、カンボジア、ベトナム）、ヒンズー教（シンガポール、インドネシア、マレーシア）と複雑である。人種もマレー系、タイ系、中国系、インド系などがある。言語も宗主国の影響を受けて、英語（フィリッピン、シンガポール、マレーシア、ブルネイ、ミャンマー)、フランス語（ベトナム、カンボジア、ラオス、ただし、最近は英語が隆盛)、マレー語（マレーシア、インドネシア、フィリッピン、タイ、シンガポール)、タミール語（シンガポール、マレーシア)、タイ語（タイ、英語が余り通用しない)、インドネシア語（インドネシア）だが共通語は英語が多用される。面積は米中両国の半分弱、拡大ＥＵ並み、日本の十二倍、人口五億人（うちインドネシア二億強)、拡大ＥＵよりやや多目、日本の四倍、ＧＤＰ$六千億ドル、これはスペインとカナダの中間位。日本の八分の一、一人当たりＧＤＰは$千二百ドル（日本の三十分の一、ただしシンガポールは二万ドル強。豊富な天然資源。石油（インドネシア、ブルネイ、マレーシア)、天然ガス（インドネシア、マレーシア、ブルネイ)、木材（インドネシア、フィリッピン、ミャンマー、マレーシア)、米（タイ、ミャンマー)、石炭（インドネシア)、非鉄鋼（インドネシア)、ボーキサイド（インドネシア)、錫（マレーシア)、天然ゴム（マレーシア)、羊毛（マレーシア)、砂糖（フィリッピン)。アセアンは通商、市場、投資先としても重要だが、「シーレーン」として対日石油タンカーの航行ルートとなるマラッカ海峡等が存在しており、日本経済にとって死活的重要性がある。そもそもアセアンは反共軍事同盟（ＳＥＡＴＯと同じ）として誕生したが、冷戦崩壊後は経済同盟に変身し、将来は「東アジア共同体」の中核的存在としてますます重要視されている。

インドネシア共和国

・独立四七年・面積一九一万平方キロメートル（日本の約五倍）・人口二億二二八〇万人・GDP二八七二億ドル（一人当たり一三〇二ドル）・首都ジャカルタ・通貨ルピー（一米ドルで四五ルピー）

・インドネシアは日本経済の生命線。地政学的に重要なので、最大のODA供与国。歴史的関係（平戸貿易・スカルノなどインドネシア独立運動・ミツバチ論争・帝国ホテルの赤痢菌騒ぎ・スハルト開発独裁・メガワティ大統領・ユドヨノ新大統領）。「JI」（ジエマ・イスラミア）のバリ島テロ・世界遺産（ボロブドール佛蹟等）・観光資源（バリ島のガムラン音楽・ケッチャクダンス）、ジャワ島中心主義への反撥、日本を見る目（近くて遠い国・不良息子を留学させて、日本の規律と技術を学べと叫ぶ焼き肉屋の親父の話・大学総長は日本は科学技術の先頭集団に立つ唯一の非西欧国であり、学ぶことが多い・映画監督は民話や影絵に共通点がある、ただし仕事中毒で閉鎖的、利益追求のためには人情や自然の犠牲を厭わない、寅さんが必要なのは日本だ）

・コンパス紙は「日本は国際社会でもっと責任を果たすべし、第三世界への援助を増やすべし、自分たちが優秀な民族だとの言動が目立つ、傲慢さを伴う援助なら拒否すべきである」と論じる。パンチャシラ（国体五原則・多様の中の統一）とムシャワラ精神（話し合い）も興味深い。

マレーシア

・独立五七年・面積三三万平方キロメートル・人口二五三〇万人・GDP一一七八億ドル（一人当たり四六七二ドル）・通貨リンギ（一米ドルで三・八リンギ）。マハテイール前首相の「LOOK EAST POLICY」は国を挙げての「日本に学べ」の運動である。「EU」型の「東アジア経済協力会議（EAEC）」を提唱したが臆病な日本がコミットせず流産した。現在「ASEAN+3」の形で一応実現した・アジア通貨危機の試練（九七）を克服し、欧米人を批判、日本の青年も批判「もっとしっかりして下さい！」と愛情からハッパをかける。「BUMIPUTERA」（土地の子）政策の推進（マレー系六五％、中国系二五％）、資源国。現首相はナジブ・ラザク。

シンガポール共和国

・独立六五年・面積七百平方キロメートル・人口四三〇万人・GDP千六八億ドル（一人当たり二万五千ドル）・首都―都市国家・通貨シンガーポール・ドル（一米ドルで一・七シンガポール・ドル）
・都市国家・面積は淡路島で東京二三区の規模、中国系七十七％、マレー系十四％、国語はマレー語、公用語は英語等、初代リークワンユ、現在は長男シェンロン、国際金融、中継貿易、国際競争力ランキングで毎年第一位を争う、管理国家なので国民は息苦しい、と感じている？（ゴミのポイ捨てなどは罰金、駐車中の車に悪戯して鞭打ちの刑にされた米国人青年、麻薬犯に死刑執行）、画期的なシンガポール・ワン（情報化社会構想・全家庭がインターネット化）、バイオポリス（バイオ医学産業）、若手登用を成長のバネにして速さが勝負、胡暁子（オー・アキコ）の活躍、現代のシンデレラと慕われる、シンガポール航空の評判、昭南市時代の血債問題。

フィリッピン

・独立四六年・面積三〇万平方キロメートル・人口八三一〇万人・GDP八六四億ドル（一人当たり一〇四一ドル）・首都マニラ・通貨ペソ（一米ドルで五三ペソ）

・マジェランの世界一周、フィリッピンを舞台とした小説（山崎豊子著「二つの祖国」、大岡昇平著「野火」、堺屋太一著「黄金の日々」、深田祐介著「炎熱商人」、鴨野守著「バギオの虹」、船戸与一著「虹の谷の五月」）、スペイン独立運動（志士ホセ・リサールとお勢さん、アギナルド将軍の悲劇）、キリシタン大名の運命（高山右近、内藤如庵）、イスラム組織のテロ活動、日本人移民（バギオのベンゲット道路建設、ダバオのマニラ麻栽培、ウタンナローブ（精神的負債）とワランヒヤ（恥知らず）の言葉は日本との共通性を感じる、日系人子弟とシスター海野、最近の大統領（マルコス、ラモス、アキノ、アロヨ）、ピープルズ・パワーの力、フィリッピン大学教授女史の日本人観（日本人はクリスチャンでない、英語が話せない、日本人男性は教養がない、特に女性に対する態度が紳士的でない）、第二次世界大戦の最大の激戦地であり住民は日本人に対して「ＦＯＲＧＩＶＡＢ

LE BUT NOT FORGETTABLE」の感情を抱いている。

タイ

・面積五一万平方キロメートル・人口六四〇〇万人・GDP一六三五億ドル（一人当たり二六二一ドル）・首都バンコク・通貨バーツ（一米ドルで四一バーツ）

・微笑みの国、アジアで唯一植民地とならなかった国。映画「王様と私」の紹介。伝統的価値の「ラック・タイ」（民族・仏教・王政）が国体を表す。国王プーミポンの権威が高い（九二年と〇六年で実証）。仏教徒九五％。第二次世界大戦中は「日本・タイ攻守同盟」はその後日本の敗勢が濃くなると無効宣言。田中首相訪問時の日本の「OVER-PRESENCE」への反撥として日本品不買運動が発生した。アユタヤ王朝（十四世紀から四百年間）の日本人町（バーンジープン）と山田長政の活躍（ナライ王傭兵隊長）。本心を明かさず万事気にしない性格（マイペンライ）。挨拶（サワーデイとサバーイ）。GENDERで男女分業が曖昧（女が田畑を耕作し、男が産婆役をする）。得度式（一生に一度は仏門で修行、これは親孝行となる）。観光資源が豊富（タイシルク、タイ料理、スコタイ文明）。映画「戦場にかける橋」のカンチャナプリ。タイ人の日本人観（せっかちで無防備・集団主義で仲間意識が強い・ワーカーホリックで何でも本社伺い・首尾一貫しない議論・タイ人と同じように英語が下手である）タイ航空は客に両手を合わせて拝む形の挨拶をして、女性客には蘭の花を差し上げる。文化遺産（王宮やチェンマイ等のスコタイ文化）およびリゾート群（パタヤ・ビーチやプーケット）が多い。

ミャンマー連邦

・独立四八年・面積六八万平方キロメートル・人口五一〇〇万人・GDP不明・首都ヤンゴン・通貨チャット（一米ドルで六チャット）

・「清く貧しき美しく」がミャンマーのイメージである。映画「ビルマの竪琴」（原作竹山道雄）。対英独立のリーダーがアウンサン将軍で、長女の民主化運動の旗手アウンサンスーチーがノーベル平和賞受賞。第二次世界大戦の激戦地インパール作戦。会田雄二著「アーロン収容所」。アジア初の国連事務総長ウーヌー。ネーウイン将軍のクーデター成功でビルマ社会主義計画党の独裁政権。世界遺産パガン佛蹟や古都マンダレーやシュベーダゴン・パゴダ。メイミョウに桜が咲く。お米、チーク材、宝石（ルビー等）、石油等も重要。お水祭り。対日感情が複雑。日英を比較し、保護者史観か解放史観か、を論じる、日本人は真の信仰はなく、仏教徒ではない、礼儀正しいがお詫びが多すぎる、時間厳守、女性が慎ましい、仏教は来世的、精霊崇拝ナッツは現世的。お墓は埋めるだけで墓標は立てない、輪廻転生、小乗仏教、敬虔な仏教徒、毎朝の托鉢と喜捨。英語が上手で教育水準が高い。少数民族が多い。カレン族が有名。中国が急速に接近している。

ブルネイ・ダルサラーム国

・独立八四年・面積六千平方キロメートル・岡山県とほぼ同じ、人口四十万人・GDP不明・首都バンダルスリブガワン・通貨ブルネイドル（一米ドルで一・七ブルネイドル）

・天然ガスと石油の宝庫でLNG九割が対日輸出。国王は世界有数のお金持ち。戦前の帝国海軍連合艦隊が停泊した。戦後は三菱グループが中心となって輸入。消費税ゼロ、医療費と教育費は無料。英国軍（グルカ兵）が駐屯している。男女平等で賃金格差最小、結婚で姓不変また夫婦別産制。映画「おしん」のファンが多い。

ベトナム社会主義共和国

・独立四五年九月（南北統一は七六年七月・面積三三万平方キロメートル・人口八四二十万人・GDP四五二億ドル（一人当たり五五〇ドル）・首都ハノイ・通貨ドン（一米ドルで一六〇〇〇ドン）

・過酷な歴史（元の侵入三回を撃退、中国の支配、フランスの植民地化、日本軍の侵入、第一次対仏インドシナ戦争、第二次対米インドシナ戦争）を犠牲と忍苦で克服した。ディエンビエンフー要塞の攻防戦で対仏大勝利。ジュネーブ会議で南北ベトナムに分裂。ホーチーミンのベトコン、ベトミン軍の侵攻作戦。二匹の象に対するバッタの戦い（米ソの代理戦争）。メコン川開発の中核。ドイモイ（改革・刷新）運動で市場経済化、対外開放。中部の日本人町（安部仲麻呂）。近藤紘一著「サイゴンの一番長い日」でサイゴン陥落の様子を描写している。米軍の枯葉空爆作戦の犠牲者のグエン・ドクとベトの結合双生児の分離手術。ベトナム人の日本人観：日本近代化のプロセスを知りたい、敗戦から立ち上がった勇気や富の再配分について知りたい、沖縄の音楽が似ている、結婚しても姓は不変、二人っ子政策、日本では電車の中でカップルの女性が男性に席を譲る風景に仰天、買い物でお父さんが手ぶらなのが不思議、田園風景が同じ。

カンボジア王国

・独立五三年・面積十八万平方キロメートル・人口千四百十万人・GDP四六億ドル（一人当たり三三七ドル）・首都プノンペン・通貨リエル（一米ドルで四一一二リエル）・カンボジア語・民族九割がクメール人・小乗仏教

・クメール王朝の輝かしい時代の後、シャムとフランスの支配下。独立後、ロンノル政権（右派）がシアヌーク殿下を追放した後、権力を掌握した、ポルポト政権（極左）の大虐殺（犠牲者二百万）、ヘンサムリン政権がベトナムの支援で樹立、シアヌーク王の復帰、実力者はフンセン首相。国連暫定統治機構（UNTAC）で明石康代表（国連事務次長）が活躍、日本からPKO派遣。世界遺産のアンコールワット遺跡の威容（十二から十三世紀に最盛期のアンコール王朝、ヒンズー教ヴィシュヌ神へ捧げられた寺院）。地雷や不発弾処理運動（二〇二〇年頃終了予定・各国NGO活躍）。日

本人観（大きな街・物価高・アジアの雰囲気・心温かい・親愛の情が深くて友好的・照れ屋が多くてシャイ）

ラオス人民民主共和国

・独立五三年・面積二四万平方キロメートル・人口五九〇万人・GDP二四億ドル（一人当たり四一六ドル）・首都ビエンチャン・通貨キープ（一米ドルで一〇八五五キープ）・ラオス語・低地ラオ族が六割・小乗仏教

・ランサーン王国（百万頭の象）の繁栄十四世紀）。フランス植民地。ラオス王国から内戦で三派に分かれて戦う。人民民主共和国から市場経済化へ。メコン川初の架橋ミタパブ（通称日本橋）。世界遺産（古都ルアンプラバン）。

南アジアの国々

・南アジアを構成するのはインド、パキスタン、バングラデシュ、ネパール、スリランカ、ブータン、モルディブの七か国、インド亜大陸と呼ぶこの地域の総面積は約四四九万平方キロメートル、人口は世界の約二十％に達している。しかし、複雑な歴史、多様な文化や社会、独特の自然環境等魅力溢れる特徴が見えてくる。「南アジア地域協力連合（SAARC）」が発足した。

IT大国インド（図3－5）

・面積三二八万七千平方キロメートル。人口十一億三四〇万人。主要言語ヒンディー語、英語他憲法公認語十七。首都デリー。独立一九四七年八月。GDP六九一九億ドル。一人当たりGDP六四一ドル。通貨単位ルピー。一米ドルにつき四五ルピー。識字率六六％。

・宗教ヒンドゥー教八三％、イスラム教十一％、キリスト教三％、シーク教徒二％、仏教〇・七％、ジャイナ教〇・五％、カーストとジャーデインの風習が発展を阻害する、カーストの壁はまだ破れない、IT化が広げる格差社会。

・歴史は世界四大古代文明の一つのインダス文明から始まる。アーリア人の侵入、国内統一、イスラム教徒の支配、十九世紀中頃に英国の植民地となる。現在の政体は共和制で元首は大統領、二院制。対日感情がよい、日本人を尊敬する人が多い（白人不敗説を打破した日本人、日露戦争の日本勝利に感激した若き日の故ネルー首相、日本軍と協力してインド独立戦争を戦ったチャンドラ・ボース、アジア人最初のノーベル賞受賞者はベンガル系インド人詩人のタゴール、東京国際裁判で日本無罪論を主張したパール判事、戦後上野動物園へ寄贈されたインディラ象）、インドの仏教や哲学の影響

・IT大国（インドのシリコンバレーのバンガロール）、数学大国、ゼロの発見はインド、「19×19」の掛け算を暗算できる人々、米国の公共料金の取り立て業務はインドのインド人が行う、世界最大

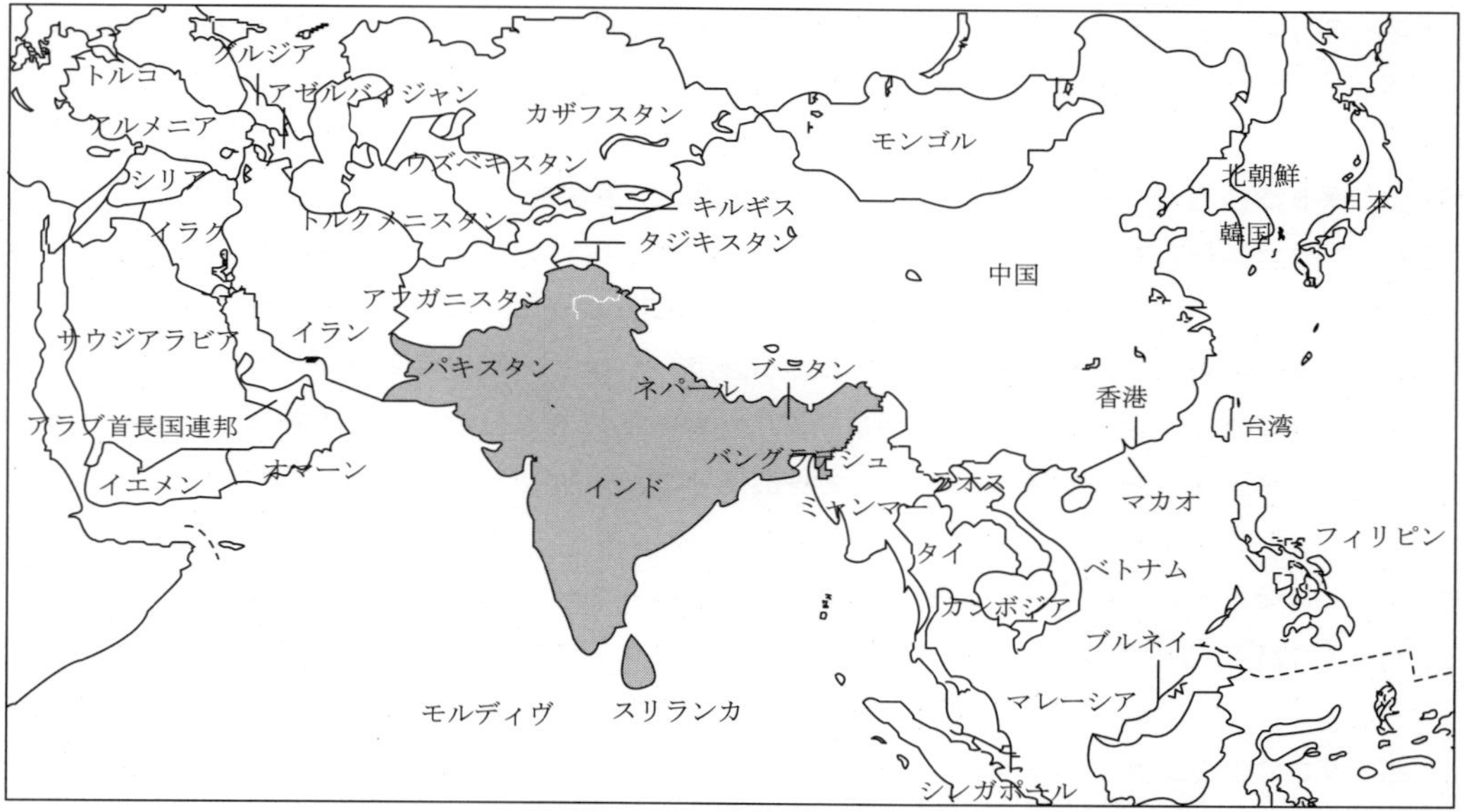

図３－５　東南アジア
出所：外務省

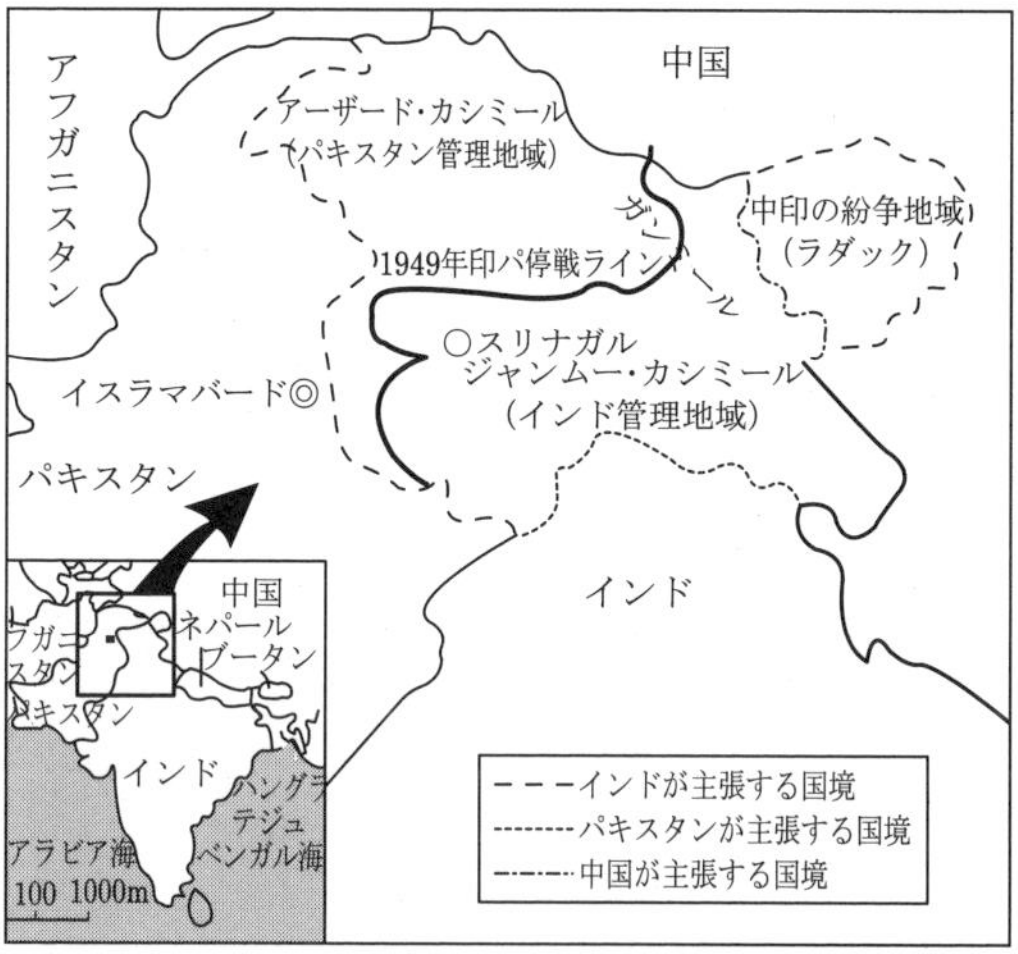

図３－６　カシミール地方の印パ停戦ラインと中印紛争地域
出所：「アジア情勢を読む地図」（新潮社）浅井信雄著、p.83より

の民主主義国家、ＢＲＩＣＳのメンバー、印僑の影響力、マハトマ・ガンジーの功績、ネルー王朝の悲劇（インディラ・サンジャイ・ラジブ）

・インドの重要性……市場（人口十一億人のうち二億が購買層）、豊富な資源（鉄鉱石、レアメタル、綿花、小麦等）、投資先、インド洋はシーレーン、地政学的重要性、対中包囲網

非同盟諸国のリーダー格（ＡＡ会議、国連Ｇ七七か国等）

・チベットのダライ・ラマ十四世のインド亡命（一九五九年）と中印国境紛争（一九六二年）

・印パ戦争（カシミール紛争や東パキスタン独立戦争）……

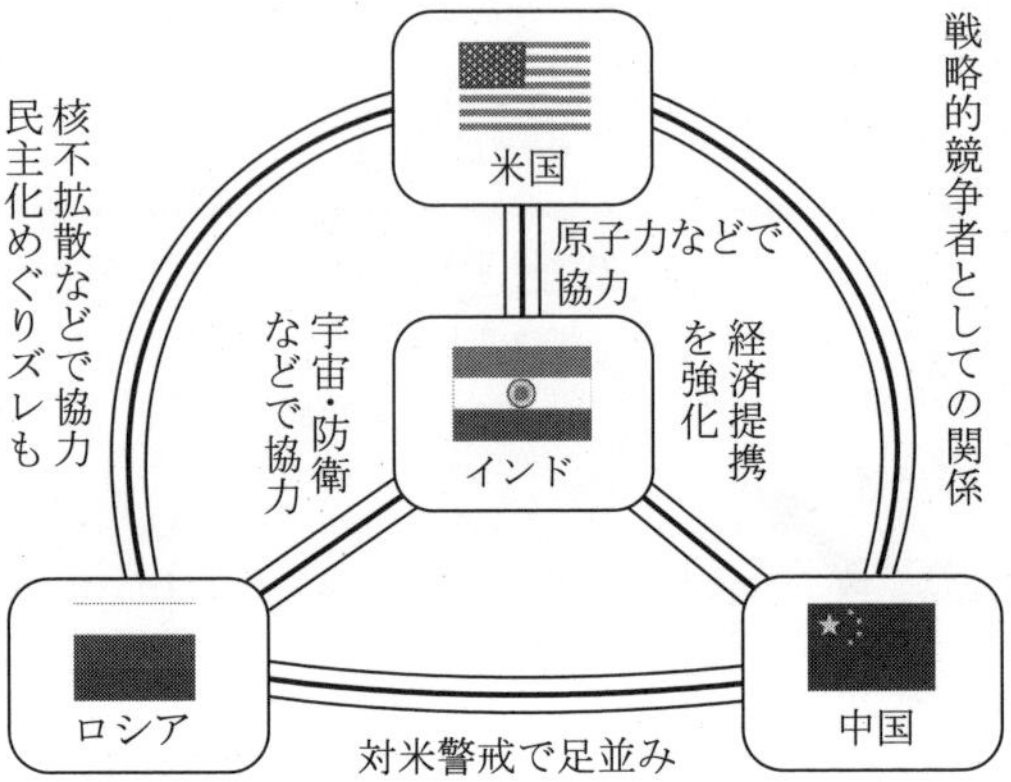

図３－７　インドと米ロ中の関係
出所：日経、2006.3

第一次戦争（四七―四九年）……国連調停で停戦、カシミールの停戦ライン、住民投票実現せず
第二次戦争（六五年）……パ軍、停戦ライン越境、タシケント宣言
第三次戦争（七一年）……東パキスタン独立戦争（バングラデシュ誕生）、シムラ協定（七二年）
ラホール宣言（九九年）、カルギル紛争、アグラ会議（〇一年）、地震（〇五年）で協力
・インドの核実験……インド（七四年と九八年で成功）、ＣＴＢＴは差別条約だとして未加入、パの核実験成功（九八年）、パの曖昧戦略、イスラムの核、核の闇ルート、日本は両国へ経済制裁
米国のインド接近策（〇六年三月ブッシュ大統領の訪印と原子力技術協定）
・東アジア共同体構想・東アジア・サミット（ＥＡＣ／ＥＡＳ）では中国案（ＡＳＥＡＮ＋３）VS日本

案（ASEAN＋3＋3）が対立、インドを入れての日米豪の対中包囲網戦略

パキスタン・イスラム共和国

・面積七九・六万平方キロメートル、人口一億五七九〇万人、首都イスラマバード、独立一九四七・八、GDP$九六一・二億ドル、一人当たり$六三二ドル、通貨パキスタン・ルピー、レート一米ドル＝六〇ルピー、ウルドウ語（シンド人）と英語、経済の実権はパンジャブ人、古代四大文明の一つ、遺跡として「モヘンジョダロ」「ハラッパ」

・アリ・ブットー首相（PPP党総裁）処刑、ヤヒヤ・カーン将軍のクーデター成功、故ブットーの長女ベナルジー首相が亡命、ムシャラフ参謀総長の無血クーデター成功（一九九九年）、総選挙（〇二年）実施、ムシャラフ大統領（首相―ジャマリ・フセイン・アジーズ）

・インドの核実験に刺激され、核実験成功、イスラムの核として警戒された、DPRKのミサイル技術、核戦略曖昧論、米国はプレスラー条項を発動してODA供与一時停止、小泉首相訪問（NPT徹底、核技術流出懸念）

・DPRK、中国、米国との関係が密接、東パキスタンに対する差別と独立（七一年）、日本のODA重点国

・観光資源豊富……ヒマラヤ「K1」の道、カイバー峠、ガンダーラ美術、世界遺産

バングラデシュ人民共和国

・面積一四・四万平方キロメートル（北海道の二倍）、人口一億四一八〇万人、人口増加率一・七％、ベンガル語、首都ダッカ、独立一九七一・一二、GDP$五六八・四億ドル、一人当たり$四〇五ドル、通貨タカ、一米ドル＝六六タカ、イスラム教徒八九・七％

・ムガール王朝の名残、西パキスタンの差別政策から独立達成、独立の志士シェイク・ムジブル・ラーマンは非業の死を遂げる、長女ハシナが首相（九七年）、現在はカレンダ・ジアウル・ハック夫人が首相の座へ、二人の女の戦いの様相？

・毎年のサイクロン被害が深刻、国土の八割が海抜十米以下の低湿地、ガンジス・ブラマプトラ・メグナの三大河川が合流する世界最大のデルタ地帯、ジュート（黄麻）が最大の輸出品

・グラミン銀行……農民等対象の無担保のマイクロ・マイクロ・クレジットの成功、経済学者ムハンマド・ユヌス氏は〇六年ノーベル賞受賞、世界各地へ普及

・環境運動でプラスティック・バッグ廃止運動、国産のジュート・バッグ使用普及運動

・観光資源……佛蹟、ピンクパール、スンダルバン・ベンガル・タイガー生息地、シルエット（紅茶）、チッタゴン港とカルナフリ川上流、詩聖タゴールの故郷ラジュシャヒ、人力車の洪水、インパール作戦の悲劇の戦跡に近い。日本兵等の墓地が五か所ある。

ネパール王国

・面積一四・七万平方キロメートル、北海道に二倍、人口二千五百三十万人、人口増加率二・四%、国教ヒンズー教、識字率五三・七%、首都カトマンズ、GDP$六七・一億ドル、一人当たり$六三二ドル、通貨ネパール・ルピー、一ドル＝七四ルピー、ネパール語とナワール語の対立

・シャー王朝成立（一七六九年）、ラナ家の専制政治が王政復古クーデター（一九五一年、第十代マヘンドラ国王）、現在は立憲君主制、第十二代目ギャネンドラ、王宮内虐殺事件（九一年）で皇太子デペンドラが結婚に反対されたため、ビレンドラ国王、王妃および実弟を殺害、ヒマラヤ王宮のロメオとジュリエットの悲恋（婚約者デブラニ・ラナ）

・非合法極左武装勢力「ネパール共産党毛沢東主義派」が王政打倒を叫び各地ゲリラ活動、政府との和平交渉を拒否、政府は〇五年初頭に非常事態宣言

・経済は後発発展途上国（LLDC）、農業、カーペット、既製服、グルカ兵、シェルパ、農牧業は深刻な水不足、チベット難民

・中印の緩衝国、インドを嫌悪、日本のODA、ポカラの岩本眼科医、点字図書館建設

・観光資源、ヒマラヤ登山、仏陀の聖地、仏陀の生誕地ルンビニ、クマリ（四才の子を女神扱い）

スリランカ民主社会主義共和国

・面積六・六万平方キロメートル、人口二千七十万人、人口増加率一・一%、世界一長い首都名は「スリジャヤワルダナプラコッテ」、独立一九四八・二、GDP$二百億六千万ドル、一人当たり$千三十一ドル、シンハラ人（仏教徒）七三%、タミール人（ヒンドゥー教徒）一八%、ムーア人（イスラム教徒）七%

・タミール人は「シンハラ語公用語化法案」への反対運動を展開、政治的暗殺頻発、タミール系反政府組織「LTTE（タミール・イーラム解放の虎）」と政府の武力衝突と和平交渉

・政体は共和制、大統領ラージャパクサ、首相ウイクラマアナーヤケ、外交は非同盟中立

・主産業は紅茶、ゴム、ココナッツ、米、宝石、DSP（債務返済総額を総輸出額で除したもの）は九・三%、観光産業（キャンデイの佛歯寺等）

・対日感情がよい。可愛いという時は「日本人形のよう」と表現する。「サクラ」の単語も多用。

ブータン王国

・面積四・七万平方キロメートル、九州より一回り大きい、標高二百から七千メートル、インド保護国より独立（一九四七年）、治安維持のためインド軍駐留、人口二二〇万人、首都ティンプー、ゾンカ語（中央）ケンカ語（中央）ネパール語（南部）クズザンポーラ（こんにちは）、GDP$六

億七千万ドル、一人当たり$七百五十一ドル、通貨ニュルタム、一$＝四五・一ニュルタム、ブータン人の六割がチベット族
・君主親政、ワンチュク家四代目、十七世紀、チベット高僧が移住、地方豪族ワンチュク家興隆、最近では民主化運動が顕著、政変の可能性がある、難民がネパールへ流出、医療費原則無料の体制を確立（予算の一割）、非同盟中立、善隣友好政策、インドと特殊な関係
・農業、林業、農牧畜産（自給自足経済）、観光産業（お城のゾンが名所）、桃源郷（シャングリラ）、御伽噺の世界、環境先進国、国王が「GNH」＝GROSS　NATIONAL　HAPPINESSの方が「GNP」よりも重要だと宣言している、ダイオキシン対策として釘とプラスティック・バッグ使用禁止、釣り漁はCATCH&RELEASE、禁煙国家、電線使用せず太陽熱を利用、TVは夜一時間だけ、観光客数を年間八千人に限定し、必ず地元ガイド同行、国土の二割を自然保護区に指定
・ブータンの服装、男性は「ゴ」（丹前）、女性は「キラ」、国技は弓技、ODA対象、親日国、JICA農業専門家西岡京治の貢献、国王より最高名誉勲章「ダショウ」を授与される

モルディブ
・面積三百平方キロメートル、シンガポールの半分、大阪の六分の一、千の島々と珊瑚礁、人口三十

万人、首都マレ、言語デイベヒ、独立六五年七月、GDP$七・五億ドル、一人当たり$二五一四ドル、通貨ルフィア、一米ドル＝一三ルフィア　、海抜二米以下、

・政体、ガユーム大統領、一院制、観光・漁業・ダイバーのメッカ

・地球温暖化のため国土沈没の危機に面し、堤防建設（ODA）や近隣国への移住交渉中。

南アジア地域協力連合（SAARC）

・南アジア七か国から成り、一九八五年発足し、定期的な首脳会談、域内特恵貿易、自由貿易地域を交渉し、日本もODA等援助を行っている。

第四章　アメリカとの賢い交際方法
——カナダと中南米カリブ海諸国——

アメリカ（図5—1）

・面積九六三万平方キロメートル、日本の二五倍、人口三億九八二十万人、首都ワシントン、

・米国のイメージ……宗教迫害を逃れて、ピューリタン（新教プロテスタント）の避難所国家、貨幣の刻印「IN GOD WE TRUST. E PLURIBUS UNUM」、就任式や裁判所ではバイブルに手を触れて宣誓する習慣、支配階級は「WASP（WHITE ANGLO—SAXON PROTESTANT）」、実態は人種の坩堝「MELTING POT」ではなく、サラダボウル「SALAD BOWL」の社会、文化多元主義、分断国家とならないか？ノーベル賞受賞者一七四人、国際競争力第二位（第一位はスイス、上位はフィンランド、シンガポール）

・内政

ネオコン的な「共和党」とリベラル的な「民主党」、中間選挙（〇六・一一）で民主党が大勝、大統領選挙（〇八）の結果、民主党バラク・オバマが勝利して、就任（〇九・一）

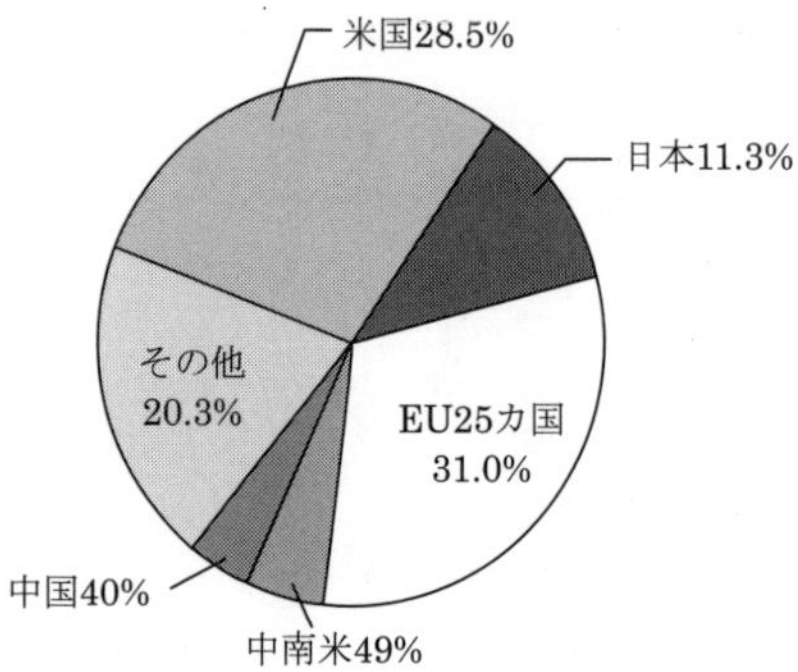

図4－1　世界主要国・地域のGDP構成比

・文化戦争

リベラル（理想主義的）VS保守的（福音派流キリスト教原理主義）、妊娠中絶（PRO-LIFE、PRO-CHOICE）、銃規制の是非（憲法修正第二条、全米ライフル協会NRAの政治献金？）、GAYの結婚の是非（バイブルの解釈）、アフリカ系米国人に対する逆差別肯定（AFIRMATIVE　ACTION）、進化論の解釈（人間は神の手の創造だとして否定）

・外交

世界戦略（アメリカ的民主主義の確立、自由、人権、平等、法の支配）、モンロー主義、スーパーパワー、アメリカによる世界の安全保障秩序が維持されている（PAX　AMERICANA）、一極多極体制、一国単独主義、先制的攻撃論、大西洋国家から太平洋国家、独裁国家の排除

国連分担金二二％、米中関係、DPRKを巡る六か国協議、米ロ核兵器削減交渉

・軍事力

軍事予算五〇〇〇ドル、日本の十二倍、うち米国以外のG八諸国の軍事予算合計よりも大、兵力一三八万—米軍再編成、現在イラク派遣軍一三万八千（米兵死者三千人強、アフガン派遣軍の死者を入れると三千三百人）、空母一三隻、第七艦隊（空母一隻）、核とミサイルの軍縮、自由と民主主義のために星条旗に命を捧げる教育を行っている？・兵器産業と武器輸出問題、核拡散防止条約（NPT）とCTBT（包括的核実験禁止条約）、MD（核迎撃ミサイル）計画

・経済

GDP＄一一兆六六七五億ドル、世界一、世界全対比二八・五％、一人当たり＄三万九七五二ドル、ODA＄一九七億ドル（全対比二四・八％）、自由市場経済の発展（エネルギー資源の確保、IT産業、グローバリゼーションの旗手）

・地域機関の中枢的存在

「経済統合」……「NAFTA（北米自由貿易協定）」「FTAA（アメリカ大陸自由貿易地域）案」（未実現）、「APEC（アジア太平洋経済協力会議）」「G八（サミット）会議」

「安全保障」……「OAS（米州機構）」「NATO（北大西洋条約機構）」「NORAD（米加）」

・日米関係

世界の中の日米同盟、日米安保条約と在日米軍再編成、普天間基地移転、経済摩擦、文化交流

日米文化の比較（単一民族と移民国家、集団主義と個人主義、孤立国家と開放国家、年功序列と実

力主義、結果の平等と機会の平等、恥の文化と罪の文化、調停と訴訟、自然と調和と自然を開拓、引く文化と押す文化、「沈黙は金」と「雄弁は金」、チャンスは一回と再チャレンジ可、捕鯨問題）

カナダ

・面積九九七万平方キロメートル、日本の二十七倍、人口三二七〇万人、言語は英仏で国家分裂の危機？
・立憲君主制—総督、二大政党制（自由党VS保守党）、現在与党保守党、ハーパー首相
・ミドルパワーとしてPKOで活躍、平和外交、NAFTA等緊密な米加関係、イラク派兵拒否
・世界一電気代が安い、資源大国、小麦、石炭、オイルサンド、牛肉、菜種油等、観光資源
GDP＄九七九八億ドル、一人当たり＄三万七一一ドル、通貨カナダドル、一米ドル＝一・一六
・日加関係—貿易（牛肉、チルド豚、石炭）、燃料電池、文化交流、日系技術移民

中南米カリブ諸国

・アフリカと中南米との共通点……大陸、奴隷、音楽……
・面積二〇五五平方キロメートル、地球の一五％、うちブラジル四二％、独立国家三三か国
人口約五億人、ASEANとほぼ同じ、宗教カトリックが多数、イスラーム、土着宗教としてブラジルのマクンバ、ハイチのブードゥー、ジャマイカのオベア、シンクレテイズムとSECULAR

ＩＳＭ、豊富な資源、多様な気候、災害、言語……スペイン語六二％、ポルトガル語三三％
他に、英語、仏語、和語、クレオール、キチェ、ケチュア、アイマラ、グアラニー、スリナム
・歴史
三大土着文明（アステカ・マヤ・インカ）の盛衰、コロンブスの新大陸発見（両大陸の遭遇）、奴隷売買、三国戦争、太平洋戦争、チャコ戦争、キューバ革命、サッカー戦争、フォークランド戦争
・政情……軍事政権（独裁者）から「二つのＤ（ＤＥＭＯＣＲＡＣＹ vs ＤＥＶＥＬＯＰＭＥＮＴ）」、社会主義政権と左翼政権（キューバ、ブラジル、ベネズエラ、エクアドル、ニカラグア、ボリビア）、反政府ゲリラ活動（コロンビアの「ＦＡＲＣ」、ペルーの「ＳＬ」、メキシコの「ＥＺＬＮ」、ボリビアの指導者のキスペ、モラレス）、貧富の格差の拡大とジニ係数、解放の神学と土地無き農民運動（ＭＳＴ）、日系移住者
・地域機関
「ＮＡＦＴＡ」……北アメリカ自由貿易協定、米国、カナダ、メキシコの三か国、九四年発足
「ＡＰＥＣ」……アジア太平洋経済協力機構、八九年発足、二一か国、中南米からメキシコ、チリ、ペルー、ボゴール宣言（途上国二〇二〇年まで貿易投資の自由化達成目標）
「ＭＥＲＣＯＳＵＲ」……南米南部共同市場、九一年、四か国（伯、亜、パラグアイ、ウルグアイ）
「ＣＡ」（アンデス共同体）……六九年発足、五か国（コロンビア、ペルー、エクアドル等）

「ＣＡＲＩＣＯＭ」（カリブ地域共同体）……一四か国
「ＳＩＣＡ」（中米統合）……中米五か国、本部エルサルバドール
「ＦＥＬＡＣ」（東アジア・ラテンアメリカ協力フォーラム）……三〇か国

メキシコ
初の日墨修好通商条約（一八八八）、メキシコ革命（一九一一）、榎本移民団マキラドーラ、日墨ＦＴＡ締結、政党ＰＲＩの敗北

グァテマラ
マヤ文明の代表格、メンチュはノーベル平和賞受賞

コスタリカ
「パナマ運河拡張工事」、便宜置籍船（ＦＡＣ）、民主主義の代表格

コロンビア
ゲリラ大統領、反政府ゲリラ活動、コーヒー、日本の輸入量の二割強、エメラルド

ペルー

南米最初の移住（一八九七）、クスコのインカ文明（ナスカ、マチュピチュ）、天野博物館、フジモリ大統領、現在はガルシア大統領

ベネズエラ

チャベス左翼政権、産油国、野球（ペタジーニ、カブレラ）

エクアドル

石油とバナナ、ダーウィンの進化論で有名な「ガラパゴス諸島」

チリ

（日本向け輸出、銅、サケ、ワイン）、「イースター島」のモアイ像

ブラジル連邦共和国

一五〇〇年発見、ポルトガル皇帝亡命（一八二二）、独立（一八九九）、首都ブラジリア、面積八五一・四万平方キロメートル、人口一億八六四〇万人、ポルトガル語、GDP$六〇四八・六億ドル、

一人当たり$三三八四ドル、通貨レアル、一米ドル＝二・三四レアル、ルーラ大統領の左翼政権、南米の大国、資源大国、日系移民、サッカー、観光資源、カーニバル

アルゼンチン

牛肉、小麦、ペロンとエビータ、タンゴ、南米のパリ

ボリビア

ポトシ銅山、コカ葉、チチカカ湖

パラグアイ

親日国、移住者、グアラニー族

ウルグアイ

プンタ・デル・ウステのリゾート、伯亜の緩衝国家

キューバ

（一九五九）カストロ革命、社会主義政権、ヘミングウェイの家

ジャマイカ

ブルー・マウンテイン、レゲエ、海賊本拠地、モンテゴベイ・リゾート、ジェームスボンドの作者

ドミニカ共和国

コロンブスが一番愛した国、「ドミニカ」との違い

ケイマン

ＴＡＸ　ＨＥＡＶＥＮ、一大リゾート、エイの餌付け体験

トリニダード・トバコ

石油天然ガス、海老、カリプソ、宝島の舞台

第五章　イスラム諸国を正しく知ろう！

イスラームとは何か？（図5―1）

・モスレム、ムハンマド、アッラー（唯一神）、クルアーン、マッカ
・経典の民…ユダヤ・キリスト・モスレム、スンナ派とシーア派
・六信五行…「六信」……アッラー、マラク（天使）、クルアーン（啓典）、ムハンマド（預言者）アーヒラ（来世）、カダル（天命）…「五行」……「信仰告白」（シャハーダ）、「礼拝」（サラート）、「喜捨」（ザカート）、「断食」（サラム、ラマダン、イード）「巡礼」（ハッジ）
・その他の戒律…「酒と豚と左手」は禁止、通過儀礼の「割礼」、「結婚相手」、「一夫多妻は社会福祉的効果がある」「犬嫌い」、「ハラル食品」
・イスラムの世界観、イスラムの家と戦争の家（異教徒＝啓典の民と偶像崇拝者）、啓典の民＝ユダヤ教徒とキリスト教徒、女性の外出や教育や職業の制限、契約思想、ムスリムの人口
・イスラム文化尊重の必要性…誤解または無知によって発生した事件、新法王の舌禍

図５－１　中東

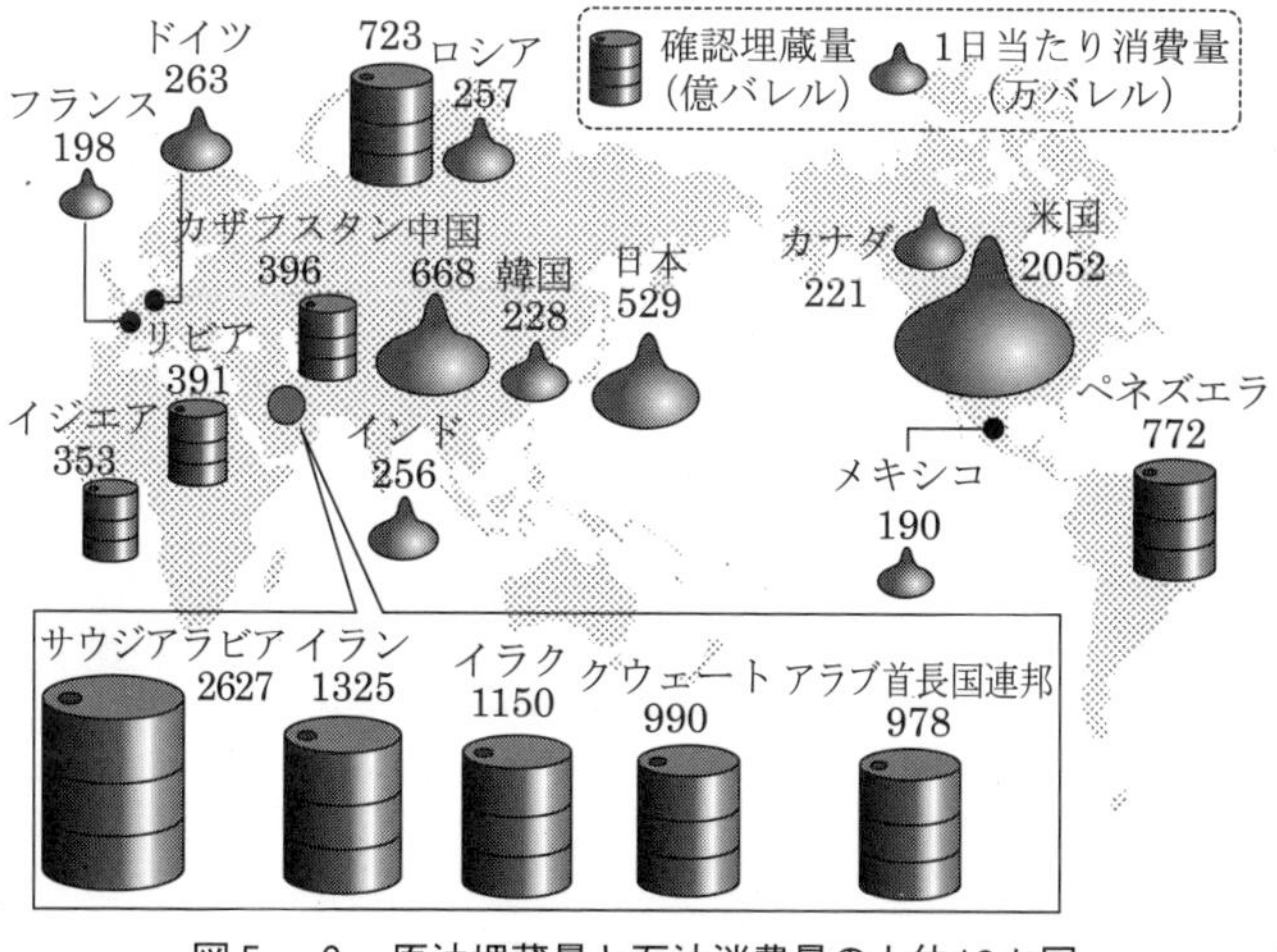

図５－２　原油埋蔵量と石油消費量の上位10か国
出所：日本外務省調べ。2004年時点

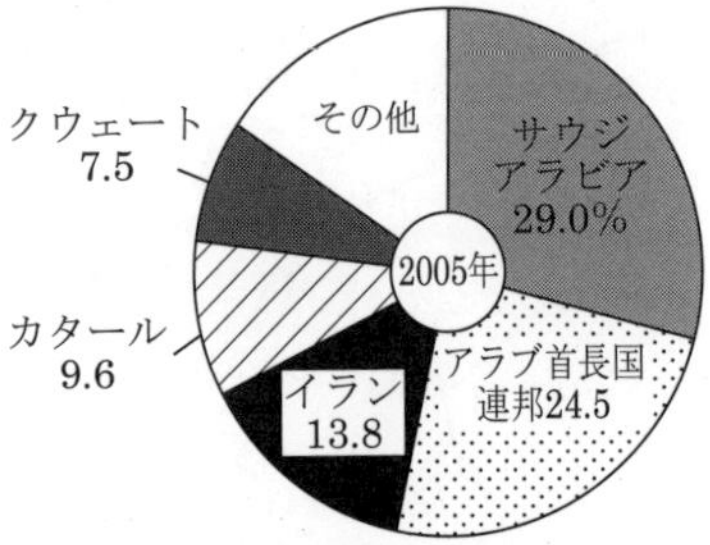

図５－３　日本の原油輸入先
出所：経済産業省速報値

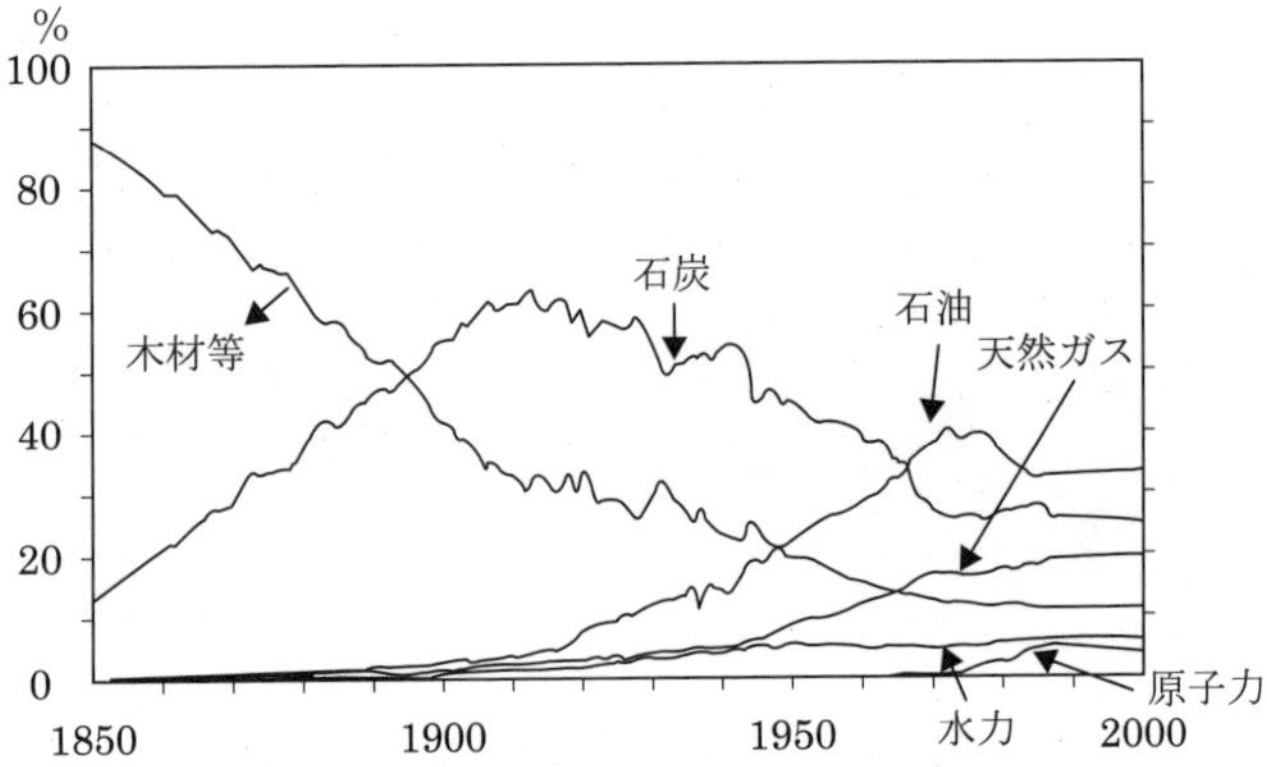

図５－４　世界の一次エネルギー・シェアの変遷
出所：ナキシェノビッチ他（98年）

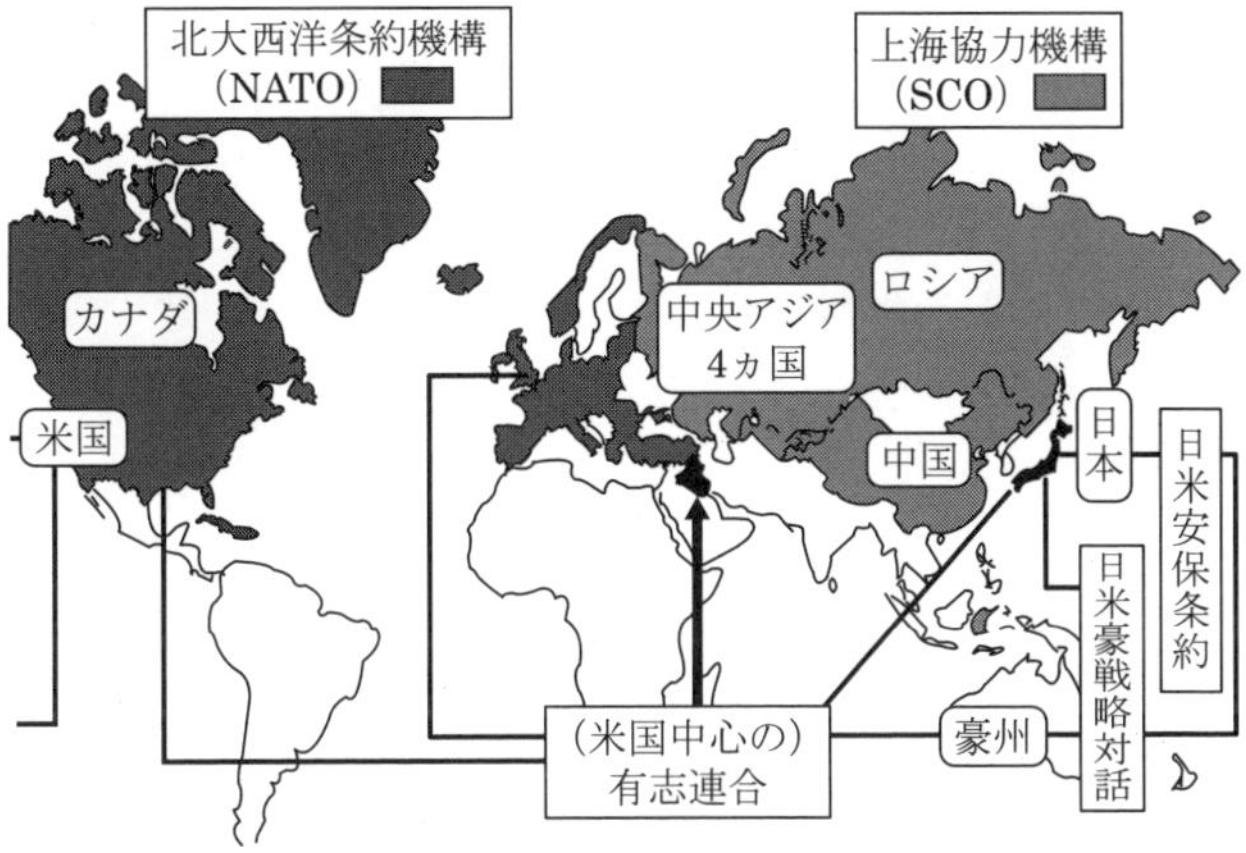

図５－５　世界の主な安全保障の枠組み

・イスラムの興隆と没落、イスラム原理主義運動、イスラム革命、イスラム法（シャリーア）、自爆テロ、穏健派と過激派、イスラム諸国会議機構（ＯＩＣ）の加盟五七か国＋五地域代表、アラブ連盟……二一か国と一機構

・世界の宗教人口（〇五）……キリスト教三三・一％、イスラム教二〇・三％、ヒンズー教一三・三％、無宗教一一・九％、中国の伝統宗教六・三％、仏教五・九％

・「イスラム原理主義運動」……イスラム世界が近代化社会から取り残され、西欧文明に呑み込まれてゆくのは人々がイスラムの教えに反する行動をするからである。したがって、「イスラムの原点に戻ろう」と呼びかける。現在の政治や社会に不満を持つ社会層に支持されている社会変革運動である。イスラム社会を政治的、経済的に脅かすものに対する行動と

して、反米、反イスラエル活動を行う温床になっている。穏健派と過激派があり、後者が自爆テロを敢行している。民主主義を否定し、イスラム法（シャリーア）の実施を絶対指針とするのがイスラム復興運動であり、国家体制をイスラム原理主義とすることをイスラム革命と呼び、聖戦（ジハード）を辞さない。

パレスチナ解放機構（PLO）VSイスラエル

・シオニズム運動、マクマホン高等弁務官の約束、バルフォア宣言（一九一七）、サイクス・ピコ英仏秘密協定（一九一六）、国連のパレスチナ分割決議案（一九四七）
・中東第一次戦争（四八—四九）、第二次（五六）、第三次（六七）、第四次（七三）
・聖地エルサレム（旧市街エルサレム）で三つの宗教（ユダヤ教、キリスト教、イスラム教）が覇権争い、十字軍、イスラエル建国の歴史、米国の二重基準、米国におけるユダヤ人の影響力
聖地エルサレム旧市街の三つの宗教……イスラム教徒のハラム・アッシャリーフ（アル・アクサ寺院・岩のドーム）、ユダヤ教徒の嘆きの壁、キリスト教徒の聖墳墓教会
・PLOの国家独立宣言（八八）、オスロ和平合意（九三）（相互承認、ラビン首相とアラファト議長がノーベル平和賞受賞）、和平ロードマップ

イスラエルとPLO（パレスチナ解放機構）の政情

・与党が「リクード」から「カディマ」へ、シャロン首相からオルメルト首相へ、

・PLOの政情、与党は穏健派「ファアタハ」から過激派「ハマス」へ、故アラファト議長からアッバス議長、さらにハニア首相へ

・米国のユダヤ人の存在と影響力―ユダヤ人千五百万のうち、約半分ずつ国内と米国に居住。

・イスラエル

面積二・二万平方キロメートル、人口六百七十万人、首都をテルアビブからエルサレムに移転。四八年五月独立、言語、ヘブライ語とアラビア語、GDP＄千百七十五・五億ドル、一人当たり＄一万七二九二ドル、イスラエルはエルサレム周辺の主要入植地を分離壁で囲い込む工事を実施中、エルサレムの帰属を事実化する狙い？壁はテロ防止が目的で国境画定のためではない

・PLO

面積二三六五平方、人口三四〇万人、アラビア語、首都ラマラ、パレスチナはエルサレムの東半分を新国家の首都と考えている。

日本の対応（ODA等）〇五年

小泉首相（当時）、アッバスPLO議長へ、＄一億ドルの経済支援（道路、住宅、上下水道などイ

ンフラ)、日本の対パレスチナ援助は九三年以来累積額$七億七千万ドル、米、ＥＵに次ぐ額、東京和平会談を提唱。

杉原千畝の美談(命のビザの六千人)

第二次世界大戦終了直前、リトアニアの在カナキス日本領事館の杉原千畝領事が本省の命令を無視してナチスの追及を逃れてきたユダヤ人に対して命の通過ビザ六千人分を人道的配慮から発給した。帰国後は外務省より解職されたが、ユダヤ人が顕彰運動を開始し、各地に記念碑が建てられ、日本のシンドラーと呼ばれた。日本政府は杉原領事夫人に対し、謝罪し、名誉回復をした。

シリア領ゴラン高原の返還要求?

対イスラエル和平交渉、イスラエルが占領地を完全撤退すれば、全アラブ諸国が対イスラエル平和条約を結ぶであろう。

レバノン

過激派ヒズボラとイスラエルとの戦闘、シリアのレバノン駐留軍撤兵実施。

エジプト

ムバラク大統領が複数候補の出馬を認めたことは民主化の動きを示す。

エジプト文明の世界遺産（ピラミッド、スフィンクス、ルクソール、アブシンベル）、アレキサンドリアの遺跡、スエズ運河

シーレーンの安全確保

・日本は年間二億t以上の原油を輸入しており、うち八割を中東からの供給に依存している。他はブルネイとインドネシア。これは二十万t・クラスのタンカー八〇〇籍がピストン運航し、毎日二隻日本の港に入港している勘定となる。タンカー航路の距離は六千七百海里、すなわち、一万二千キロメートルあり、地球外周三割に相当し、運行期間は片道二か月を要する。

・危険地域—第一……中東産油国等の政情不安、第二……ホルムズ海峡、第三……インド洋上の危険、印パ核戦争、第四……マラッカ海峡（スンダ海峡、ロンボック海峡、マリク海峡）、第五……南シナ海、南沙諸島、第六……台湾海峡、中国の台湾侵略、第七……東シナ海、中国海軍の跳梁

・排他的経済水域（ＥＥＺ）のより近隣諸国との対立、尖閣諸島、竹島、北方四島

・海上自衛隊の守備範囲、日米安保条約の極東条項、米国第七艦隊等による安全確保、対外関係

・日本のエネルギー供給構成（〇一）…五・九二億ＫＬ

石油四九・四%、石炭一九・〇%、水力三・四%、天然ガス一三・六%、原子力一二・六%、その他（風力・地熱・潮汐・太陽熱等）二・〇%

・日本の原油備蓄量…一六二日分強

OPECの影響力

石油輸出国機構・本部ウィーン、一一か国（イラン、イラク、クエート、サウジアラビア、カタール、UAE、インドネシア、アルジェリア、ナイジェリア、リビア、ベネズエラ）、最近アンゴラ加入申請、また、スーダンとエクアドルも申請を検討中、価格支配権

「メジャー」—資本力・技術力・政治力、価格支配力六%、七十年台のセブン・シスターズ、（エクソン、モービル、テキサコ、ソーカル、ガルフ、ロイヤル・ダッチ・シェル、BP）、現在は四強（エクソン・モービル、シェブロン・テキサコ、ロイヤル・ダッチ・シェル、BP）

・原油生産量（〇一）……OPEC四〇・五%、非OPEC五九・五%

アフガニスタン共和国

・面積六五万平方キロメートル、日本の一・七倍、人口二九九〇万人、人種……パシュトウーン人四四%、タジク人二八%、ハザラ人一七%、ウズベク人六%

・独立（一九七三）、共和国移行、軍部のクーデター（七八）、カルマル政権樹立（七九）、ソ連の軍事介入、ナジブラ書記長（八九―九二）、タリバーン（最高指導者オマル師）の勢力伸長（九六）、国連安保理決議（〇〇）、米英軍の空爆開始（〇一）、北部同盟等反タリバーン四派が首都カブール制圧（〇一）、アルカイダのオサマ・ビン・ラーデン（九・一一・一犯人説）隠匿の容疑

・暫定政権―移行政権―ロヤ・ジルガ（国民大会議）―新憲法制定―総選挙（カルザイ大統領選出）―正式就任（〇四）

・アフガン支援会議―日本はＯＤＡ$六億三千万ドルをコミット、テロ対策特別措置法で海上自衛隊の派遣

シルクロード諸国

トルクメニスタン、ウズベキスタン、カザフスタン、キリギス、タジキスタン…資源が豊富（石油・天然ガス・稀石）や世界遺産

イラク共和国（図5―6）

・面積四四万平方キロメートル、人口二千八百八〇万人、石油埋蔵量世界第二位、民族宗教……シーア派アラブ人六〇%、スンニ派アラブ人二〇%、スンニ派クルド人一七%、トルクメニスタン・ア

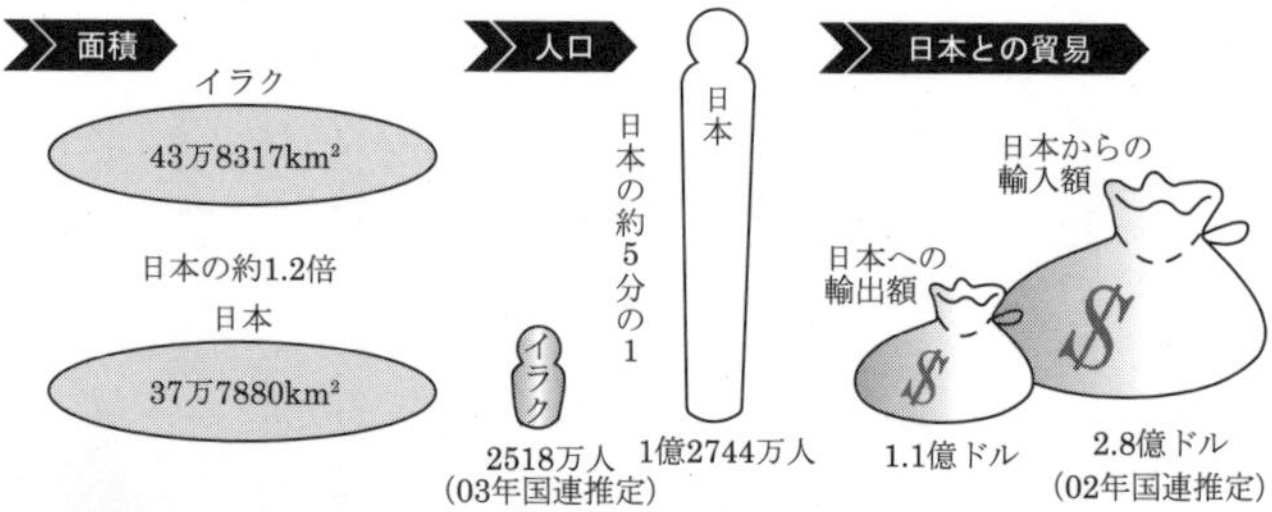

気候	砂漠気候。夏は日中40〜50℃になるが、冬は比較的涼しい
言語	アラビア語（公用語）、クルド語 アッシリア語、アルメニア語など
石油	02年の原油埋蔵量は1125億バレル。世界第2位

（「朝日学習年鑑2004」、外務省のデータなどから）

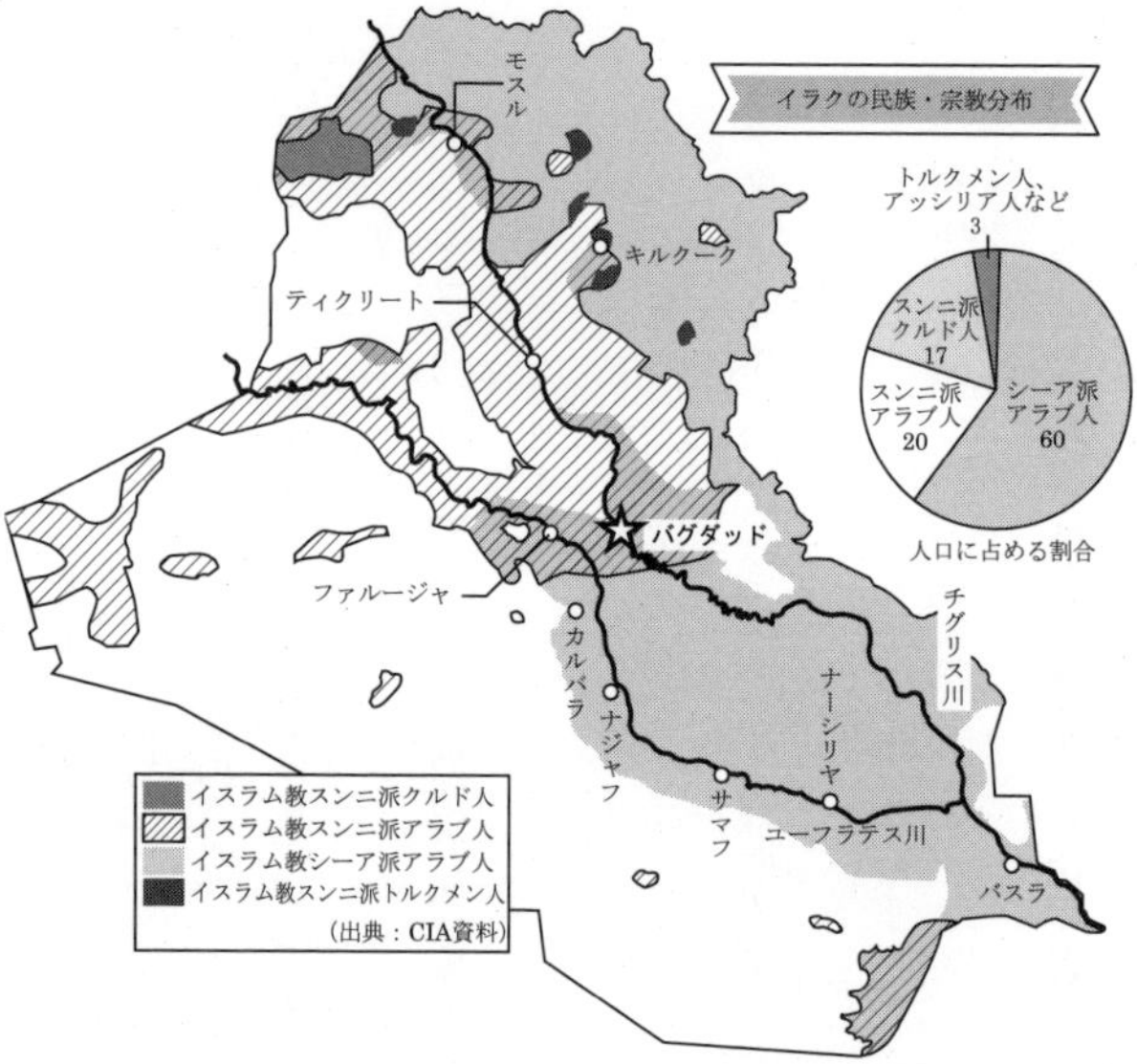

図5－6　イラクってどんな国？
出所：「朝日学習年鑑2004」、外務省のデータなどから

表5－1　イラクから撤退した主な国

スペイン	ことし3月の列車同時爆破テロ直後の総選挙で、撤退を掲げた野党が勝利。5月までに撤退
ホンジュラス	スペインの撤退表明に伴い、5－6月に撤退
ドミニカ共和国	スペインの撤退表明に伴い、5－6月に撤退
フィリピン	フィリピン人男性を拉致した武装勢力の要求に応じ、駐留期限前の7月に撤退
タイ	任務が終了したとして9月に撤退
撤退を表明している主な国	オランダ　ポーランド　ハンガリー

ッシリア、
言語アラビア語、首都バクダド、独立四五・一二、GDP$一一七五億ドル、一人当たり$一万七千三百万ドル、通貨新イラク・デイナール、一米ドル＝一四五〇デイナール
・サダム・フセイン大統領就任（バース党）（七九）、湾岸戦争（九一）、イラク戦争（〇三・三・二〇）、陸上自衛隊サマワへ（〇四・一・一九）
・イラク統治評議会―イラク基本法―暫定政権首相アラウイ（シーア派）、移行政府ジャフリ
新憲法に基づく総選挙、正式政権樹立（〇五・一二・三一予定が〇六・五・二〇）、マリキ首相（シーア派）、大統領タラバーニ（クルド派）、第一党シーア派系「統一イラク同盟（UIA）（シーア派最高権威シスタニ師、サドル師発言力大）、第二党クルド系「クルド同盟」、第三党スンニ派系「イラクの調和」

イラン・イスラム共和国

・面積一六四・八万平方キロメートル、日本の四倍強、人口六九八〇万人、うちペルシャ人が半分、後はクルド人など、言語ペルシャ語、首都テヘラン、宗教シーア派、GDP一六二七億ドル、一人当たり二四三一ドル

・イスラム革命（七九）、ホメイニ師登場、米国大使館人質事件、イラン・イラク戦争（八〇―八八）、穏健改革派ハタミ政権、ラフサンジャニ議長（前大統領）新大統領（〇五）、アフマデイネジャド新大統領の反米的姿勢・ウラン濃縮活動停止の国連決議違反・核開発問題、安保付託回避

・日本、アザデガン油田開発の機会を失う、念願の自主開発油田の頓挫、安保制裁決議なら事業（出資比率七五％）から全面撤退の懸念から苦渋の決断…イラン石油公社と日本の国際石油開発

日本のエネルギー白書（〇五）…原油輸入先

サウジアラビア三〇％、UEA二四％、イラン一四％、カタール一〇％、クエート八％、その他一四％

トルコ共和国

・面積七八・四万平方キロメートル、人口七三二〇万人、セザル大統領、エルドアン首相、首都アンカラ、GDP$五〇二〇億ドル、一人当たり$四二一〇ドル、通貨……新トルコ・リラ、一米ド

ル＝一・四リラ、オスマン帝国（六〇〇）、文明の十字路、ＷＷＩ後近代化を目指す大統領アタチュルク
・エルドアン首相の新米政策、イラクよりトルコ経由原油輸出用パイプライン敷設工事成功
ＥＵ加盟交渉で苦境に立つ、キプロス島問題等が原因
・「私の名は紅（アカ）」の著者オルハン・パムク、〇六年ノーベル賞受賞、アルメニア人殺害
・世界遺産・観光名所多数……カッパドキア、ギョロメ、パムッカレ、トプカピ、トロイ、架橋

第六章　豪州は日本経済圏？
――ニュージーランドと太平洋島嶼国――

オーストラリア連邦

・面積七七四・一万平方キロメートル、日本の二十倍、人口二〇二〇万人、英国系六九・九％、南欧系七％、アジア系七％、アボリジニー二・四％、キリスト教七〇％、言語……英語九七％、首都キャンベラ、GDP＄六三一三億ドル、一人当たり＄三万一三七五ドル、小麦二一％、乳製品二八％、綿花五一％、羊毛三三％、ウラン

・自由党政権、首相ハワード、野党労働党、原住民との和解、白豪主義の否定、ワンネーションパーティの否定、立憲君主制、総督は不要？

・安全保障―ANZUS（豪州・NZ・米国間の軍事同盟）―南太平洋のモンロー主義

・外交、対米同盟関係を基本、アジア太平洋関係を優先地域、APEC、脱欧入亜政策

・資源大国……日本の資源輸入に占める豪州の割合（〇一）、石炭五九％、鉄鉱石五〇％、アルミナ四三％、肉類一三％

ニュージーランド

・面積二七万平方キロメートル、日本の七割、人口四〇〇万人、首都ウエリントン、GDP％九九七億ドル、一人当たり$二万四五四七ドル、通貨ニュージーランドドル、一米ドル＝$一・四七NZドル。

・立憲君主制、一院制、首相ヘレン・クラーク女史・労働党党首、世界初の女性参政権を確立、南太平洋の非核地域宣言・ラロトンガ条約、原住民とのワイタンギ条約。

・環境先進国、映画ロケ地「ラスト・サムライ」等、キウイ・フルーツは九割。

南太平洋の島々

・ポリネシア、ミクロネシア、メラネシア（PNG・フィジー・ヴァヌアツ・パラオ・ソロモン、日本主催の「太平洋諸島会議（PIF）」……一六か国、ODA・貿易・投資・観光などをテーマに毎年首脳会議、域内の経済協力を話し合う。

第七章　ロシアはアジアか？――北方四島問題、シベリアとカラフトとモンゴル――

ロシア連邦（図7―1）

・ユーラシア大陸に跨るロシアは「ヨーロッパ」と「アジア」の二つの顔を持つ。中央アジア系の容貌のロシア人が多い。面積百七〇・八万平方キロメートル、人口一億四三二〇万人、首都モスクワ、ロシア語、GDP$五八二四億ドル、一人当たり$四〇七八ドル、通貨ルーブル、一米ドル＝二九ルーブル、面積は日本の四五倍、米国の二倍、ロシア連邦は八一自治体、CIS（独立国家共同体一二か国の盟主、旧ソ連は二五共和国、「砂の文化」と「怖れの文化」。

・日本にとっての重要性

第一……米国に次ぐ世界最大の核超大国、科学大国（宇宙衛星等）

第二……伝統的に大事な隣国対日経済関係……サハリン1（丸紅・伊藤忠）とサハリン2（三井・三菱）の天然ガス、ウラン（三井）、シベリアの開発投資とパイプライン敷設計画。

第三……資源大国―原油・天然ガス・ニッケル・アルミナ・プラチナ・ウランなど。

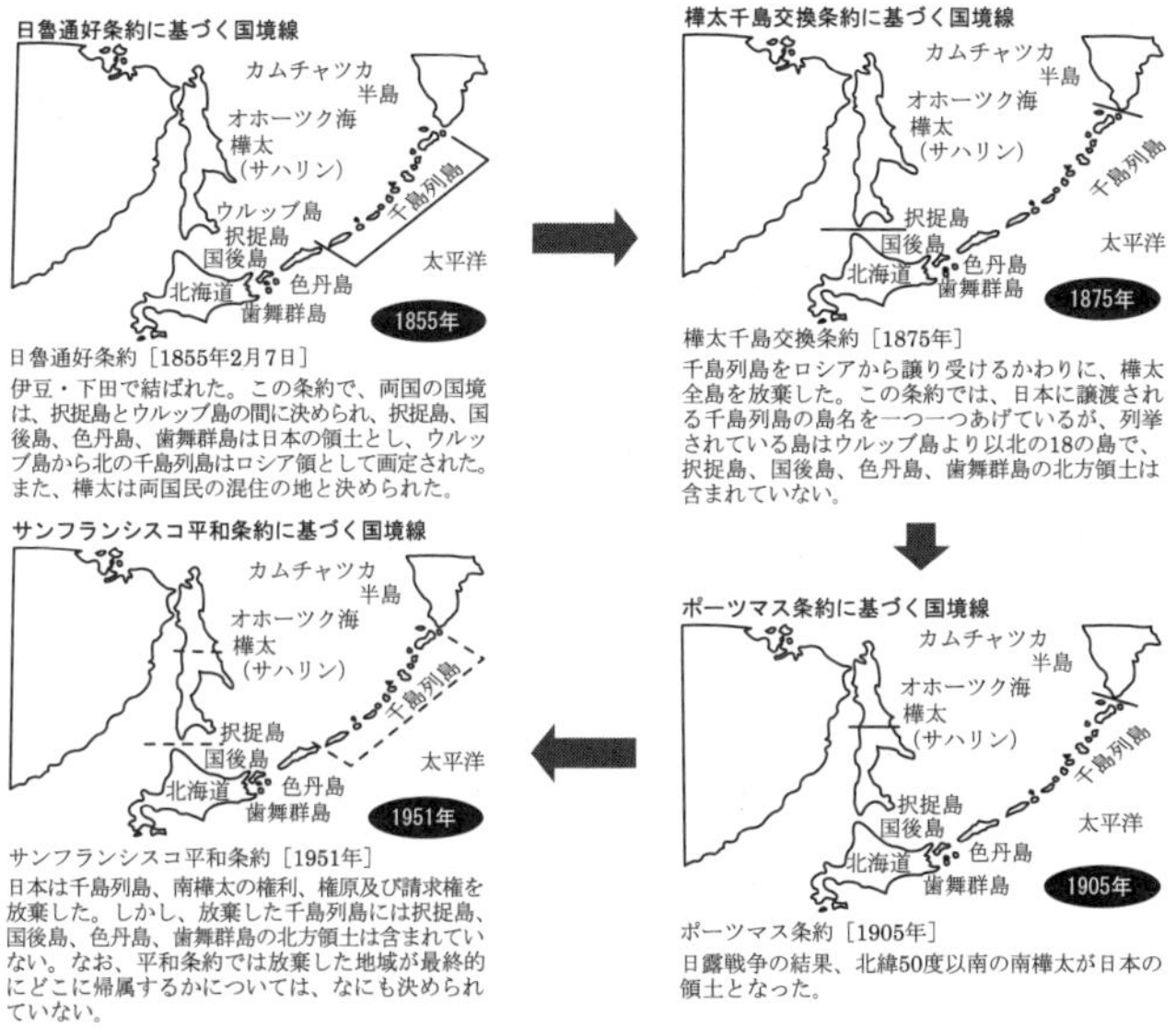

日魯通好条約［1855年2月7日］
伊豆・下田で結ばれた。この条約で、両国の国境は、択捉島とウルップ島の間に決められ、択捉島、国後島、色丹島、歯舞群島は日本の領土とし、ウルップ島から北の千島列島はロシア領として画定された。また、樺太は両国民の混住の地と決められた。

樺太千島交換条約［1875年］
千島列島をロシアから譲り受けるかわりに、樺太全島を放棄した。この条約では、日本に譲渡される千島列島の島名を一つ一つあげているが、列挙されている島はウルップ島より以北の18の島で、択捉島、国後島、色丹島、歯舞群島の北方領土は含まれていない。

ポーツマス条約［1905年］
日露戦争の結果、北緯50度以南の南樺太が日本の領土となった。

サンフランシスコ平和条約［1951年］
日本は千島列島、南樺太の権利、権原及び請求権を放棄した。しかし、放棄した千島列島には択捉島、国後島、色丹島、歯舞群島の北方領土は含まれていない。なお、平和条約では放棄した地域が最終的にどこに帰属するかについては、なにも決められていない。

図７－１
出所：文春「変る日・ロ関係」より

第四……豊かな芸術活動（文学・音楽・バレー等）、スポーツ大国

第五……ＢＲＩＣＳのメンバー

・日露近代交流史

開国交渉……ラックスマンと大黒家光太夫、レザノフ、ゴロウニン、レコルドと高田屋嘉平衛、プチャーチンと川路勘定奉行の下田交渉の成功、

（一八五五）日露修好（通交）条約（国境線は択捉島とウルップ島との間）

（一八七五）樺太千島交換条約（国境線はウルップ島以北一八島は日本領）

（一九〇五）日露戦争とポーツマス条約（北緯五十度以南の樺太は日本領）

（一九三九）ノモンハン事件

（一九四一）日ソ中立条約

（一九四五）ソ連、対日宣戦布告（八・九）、ヤルタ秘密会談（二月）
（一九四五）ポツダム宣言受諾（八・十四）、ソ連軍北方四島占領（八・二八…九・五）
（一九五一）サンフランシスコ平和条約（ソ連等不参加）（放棄した千島列島に四島は含まれず）
（一九五六）日ソ共同宣言（外交関係回復・領土問題未解決・平和条約締結後二島返還）
（一九九三）エリツイン大統領訪日、東京宣言
（一九九七）橋本首相訪ロ、クラスノヤルスク合意
（二〇〇五）プーチン首相の訪日
・北方四島返還要求問題…「入口論」と「出口論」
・日本漁船拿捕事件（〇六・八・一六）、貝殻島付近、領海侵犯と密漁容疑、船員一名死亡
・ロシアの南下政策―対トルコ、対中央アジア、対アフガニスタン、対中国、対モンゴル、対米
プーチン現象……強い国家、国益優先、与党「統一ロシア党」、大統領権限強化、資源外交
プーチン外交……米国一極の多極化、NATO拡大反対、中ロ善隣友好条約

モンゴル
・面積一五七万平方キロメートル、日本の四倍、人口二百六十万人（中国国内の四百八十万人のうち、内モンゴル自治区三三八万人）、首都ウランバートル六六万人、GDP$一五・三億ドル、一人当

たり$六〇七ドル、通貨トグログ、一米ドル＝一一三一トグログ、ラマ教（チベット仏教）
・共和制、バガバンディ大統領（人民革命党）、エンフボルト首相、外交は全方位外交、中ロの緩衝国家、親日国と日本語熱、秋篠宮殿下訪問（〇二）、日本を第三の隣国、相撲力士（朝青龍、白鵬等力士三十名）、モンゴル統一国家が悲願、上海協力機構加盟、対米軍事協力、イラク派兵
・経済……鉄鉱石用原料炭、金・銅、牧畜業、蛍石、カシミア、雪害（ソド）、天然ガス探査中
・観光……ナーダム祭り（七・一一）、ゴビ砂漠の星座、馬乳酒、馬頭琴、モンゴル塩、モンゴル帝国首都カラコルムに博物館建設計画

第八章　「老獪なEU」と「アフリカの陣痛」（図8−1）

EU

統合の動機―不戦の誓い・統合のメリット・地位低下と日米台頭への危機意識、統合の効果―経済発展・政治的安定・戦争回避・地球規模問題解決への協力、人口四億五千万人、GNI（〇二）$八兆二千万ドル、一人当たり$二万二五六八ドル、（一九五一）ローマ条約・欧州石炭鉄鋼共同体（ECSC）誕生・（一九九一）マーストリヒト条約（経済通貨統合、一五か国）・（一九九九）アムステルダム条約（外交安保条約）・（二〇〇一）ニース条約（EU拡大決定）・（〇四）二十五か国へ（〇七）二十七か国、EUの活動分野―経済通貨統合・外交安全保障・司法内務協力、EUの機構―欧州理事会・欧州委員会（ブラッセル）・欧州議会（ストラスブルグ）、EUの経済規模（〇四）―GDP二七・三％、米国二六・四％、日本一四・二％

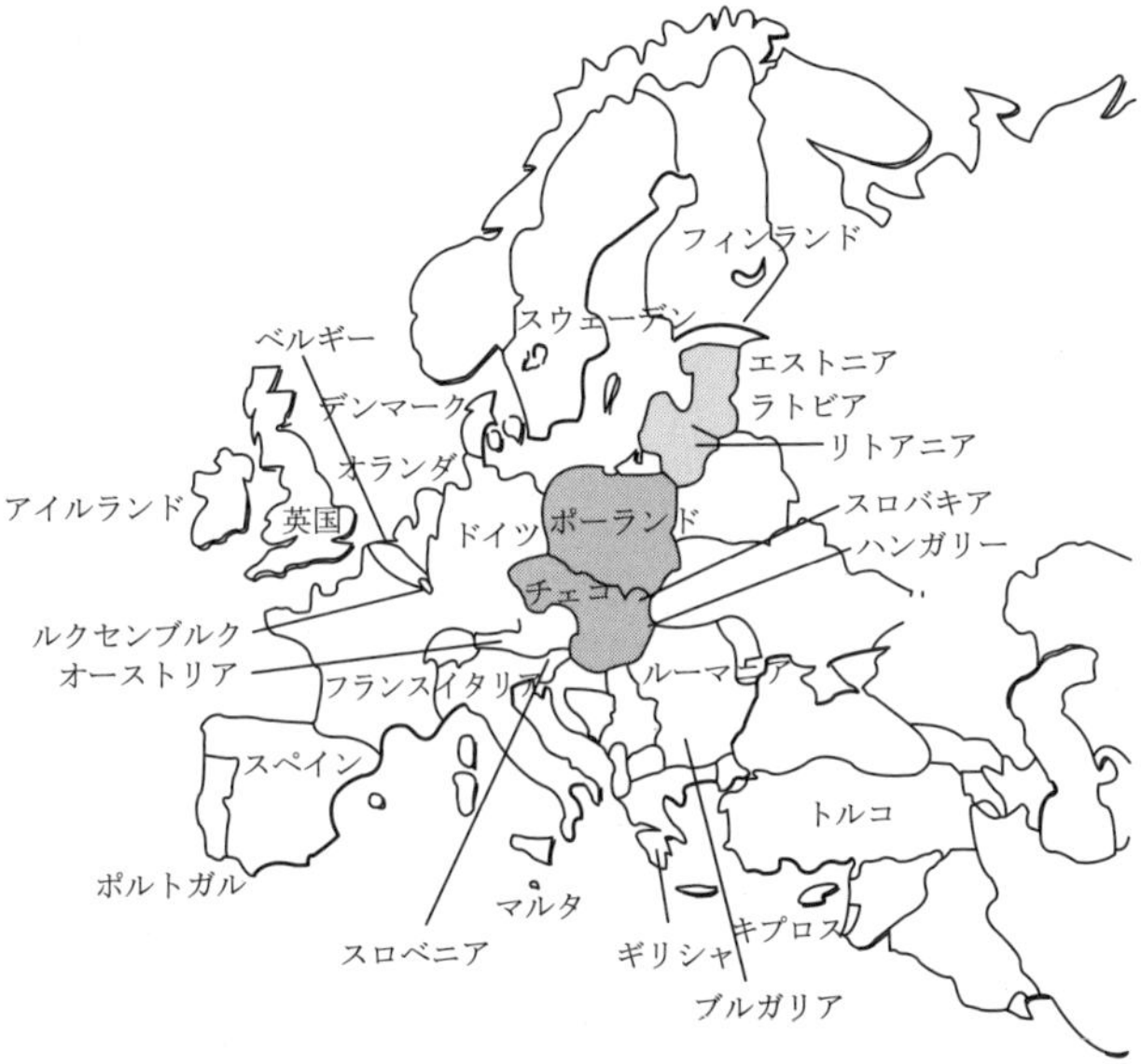

□ EU加盟国（15か国）
フランス、ドイツ、イタリア、オランダ、ベルギー、ルクセンブルク、英国、アイルランド、デンマーク、ギリシャ、スペイン、ポルトガル、オーストリア、スウェーデン、フィンランド

■ 2004年加盟予定国（10か国）
エストニア、ボーランド、チェコ、スロベニア、ハンガリー、キプロス、ラトビア、リトアニア、スロバキア、マルタ

□ 2007年加盟目標国（2か国）
ブルガリア、ルーマニア

□ EU加盟候補国（交渉未開始）
トルコ

＊）03年2月クロアチアが加盟申請。

図８－１　EU

出所：外交青書（平成16年度）

NATO

本部ブラッセル、EU諸国+米加、コソボ、アフガニスタンへ域外派兵

ワルシャワ条約機構（WTO）が冷戦終結後に消滅した。他方、NATOの東方拡大（ポーランド等旧WTO（ワルシャワ条約機構）メンバーがNATOに新規加入すること）に対してロシアは神経質になっている。

英国

大人の国、民主主義と資本主義の先駆け、植民大国、巨大な英連邦、光栄あるPAX BRITANNICA、アングロ・サクソンの強靭さ、対米交渉力の抜群さ、実利主義、非方丈記型、寡黙（UNDERASTATEMENT）、伝統と規律、FAIR精神、エリート養成のPUBLIC SCHOOL、ジョークと幽霊が好き、スポーツの伝統、ハリー・ポッター女史の偉大さ、日英同盟でロシアの南下阻止、ブレア首相（労働党）のイラク派兵と撤兵

アイルランド

移民大国、IRAの反英運動

フランス
栄光の国、革命と共和制、資本主義と植民大国、対独とは「恩讐の彼方」の精神で「ＥＵ」を誕生させた、ハイテク先進国、文化と芸術の王者、ワインとグルメ、日本文化への憧憬、武器輸出、対米関係で対立、「ベルギー」……言語戦争（仏語と和語）、ＥＵとＮＡＴＯの本部、ザイール（旧コンゴー）の宗主国、日本の皇室と緊密な関係

ドイツ
ゲルマン魂、仏と握手して「ＥＵ」を誕生させた、東方政策の成功、冷戦崩壊、東西ドイツの統一、ホローコーストの負の遺産、日本への影響、日本文化への関心

オランダ
江戸時代から近代文明を日本に注入した、インドネシア宗主国、バイオ大国、ワークシェアリング、アンネの日記、干拓事業、チューリップ輸出、

スイス
永世中立国、国際機関と国際会議場、国際赤十字社、スイス銀行の信用性、国民皆兵、

オーストリア

音楽大国（モーツアルトなど）、観光大国、ハプスブルグ家の栄光、ミツコ

イタリア

絢爛たるローマ文化、ファッション大国、芸術家の宝庫（レオナルドダビンチとミケランジェロなど）、バチカン都市国家はカトリックの総本山、スローフッド運動の中心

スペイン

ラテン文化の源泉、スペイン帝国の遺産、中南米三十三か国への影響、コロンブスのスポンサーはイサベラ女王、セルバンテスのドンキ・ホーテ、芸術家の大量輩出、闘牛とフラメンコ、お祭り（バレンシア、セビリア、パンプローナ）、フランシスコ・ザビエル

ポルトガル

大航海時代の先駆け、世界制覇の実績、植民大国（ブラジル、ナミビア、アンゴラ、モザンビーク等）、日本への鉄砲伝来（一五四三）、アマリア・ロドリゲス（ファド演歌）

北欧

「スエーデン」……ノーベル賞、「ノルウェー」……ノーベル平和賞、「デンマーク」……バイキングの歴史、グリーンランド領有、「フィンランド」……ノキア、ＩＴ先進国、「アイスランド」……捕鯨

東欧

「ポーランド」……キュリー夫人やショパンの故郷、アウシュヴィッツの悲劇、エスペラント語のザメンホフ、二回のポーランド分割、国内のロシアの飛び地、「ハンガリー」……ドナウ川の真珠、ハンガリー動乱、「チェッコ」……高い技術力、ドボルザーク等、「ルーマニア」……チャウシェスク政権の終焉、石油資源、新規ＥＵ加盟、「ブルガリア」……ヨーグルト、新規ＥＵ加盟、「ウクライナ」……穀倉地帯、東西間の対立、バラ革命

バルカン半島

「旧ユーゴ」……チトー時代の六カ国（スロヴェニア、クロアチア、ボスニア・ヘルツエゴビナ、セルビア、モンテネグロ、マケドニア旧ユーゴスラビア）、第一次世界大戦のきっかけ、「ギリシア」……古代ギリシア文明、オリンピック発祥の地、船舶事業、「キプロス」……ギリシア系とトルコ

系の二つに分裂し、抗争が絶えない

バルト三国

（ラトヴィア、リトアニア、エストニア）、コーカサス地方（チェッチン、グルジア、アルメニア）

アフリカ

新生独立国の陣痛と後遺症、新生児国の成長

・アフリカの光と影……一〇世紀から一五世紀まで各地の王国（エジプト・チュニス・マリ・ガーナ・ジンバブエ・リビア・ルアンダなど）はほとんど滅亡した。エチオピアは第二次世界大戦後まで存続したが皇帝ハイレセラシュの時崩壊した。モロッコのみが現存する。歴史のない暗黒大陸

・宗教……土着宗教、キリスト教、急速に拡大するイスラーム

・サハラ砂漠……駱駝隊商の交易ハイウェイ、北から塩を・南から金を、サハラ・サヘル（岸）

・アフリカ分割の宗主国……飛行ルートが縦割りで不便、五十三か国中、言語別に見ると英語系二十一か国、仏語系二十三か国、ポルトガル語系五か国、スペイン語系一か国、イタリア語系一か国、米国語系一か国、アムハラ語系一か国・…この他ケニアのスワヒリ語、南アのアフリカーンス（オランダ語系）、ズールー語（南ア）

アフリカの光と影

一人当たりの国民総生産（GNP）が1,000ドル以上の国（1999年）

アルジェリア、ボツワナ、カーボベルデ、エジプト、赤道ギニア、ガボン、モーリシャス、モロッコ、ナミビア、セイシェル、南アフリカ、スワジランド、チュニジア

主な資源

世界産出量の40％以上を占める鉱物資源——白金、クロム、バナジウム、ダイヤモンド

（例）

ボーキサイト…世界第1位：ギニア

コバルト………世界第1位：コンゴ民主共和国

金、白金属、バナジウム、クロム、マンガン、金鉱石、白金鉱石

…世界第1位：南アフリカ

ウラン…………世界第3位：ニジェール

（1998年末現在）

アフリカの新しい動き

アフリカ連合構想

アフリカ統一機構（OAU）から、より高度な政治的経済的な統合を目指すアフリカ連合（AU）への移行を模索。欧州連合（EU）をモデルとする。

アフリカ開発のための新パートナーシップ（NEPAD）

アフリカ自身の手により、アフリカ開発計画を策定中。

アフリカの国の数

53の国があり、そのうち48がサハラ砂漠以南の国。ほとんどの国が1960年代に独立を達成。

特に開発の遅れた国、いわゆる後発開発途上国

全世界で48カ国のうち、サハラ砂漠以南アフリカに32カ国が集中

貧困

アフリカに住む約4億7,000万人の約4割の人々が、1日1ドル以下で生活を送っている。

HIV／AIDS感染者・患者

世界のエイズ感染者・患者の約7割がサハラ砂漠以南アフリカに集中。南部アフリカは特に感染率が高く、成人感染率が35％を超える国もある。

債務問題

重債務に苦しむ貧しい国（重債務貧困国）42カ国のうち、アフリカに34カ国が集中

難民、避難民などの数

国連難民高等弁務官事務所（UNHCR）が保護・支援の対象とする難民、避難民などは、サハラ砂漠以南アフリカに約534万人（全世界の25％）

・奴隷貿易の哀史、人類史上の汚点、十六世紀から十九世紀まで約二千万人、セネガルのゴレ島三角貿易で決済（砂糖・綿花・珈琲・金銀・香料・武器・奴隷）

・独立後も人種差別政策や部族間紛争（TRIBALISM）が長く絶えなかった。
「ナイジェリア内戦」……ハウサ（北）・イボ（海岸）キリスト教徒系、ヨルバ（海岸）神オドウドアを信仰する土俗宗教…ハウサがイボを虐殺（ビアフラ戦争・カタンガ州の悲劇）、首都移転（ラゴスよりアブジャへ）
「リベリア内戦」……リベリアは一八四七年独立、面積が日本の三割、人口三百万人、便宜置籍船（FAC）で有名、人口三％のアメリコ・ライベリアンが土着黒人を支配し、搾取。（一九八〇）年ドー軍曹がクーデターに成功、クラーン族が支配者へ、（一九九七年）テイラー政権、（〇三年）亡命、女性首相エレン・ジョンソンサーリーフ誕生
「ルワンダ内戦」……ツチ族（一六世紀の王国で少数派）ｖｓフツ族（農民で多数派）、宗主国ベルギーが徴税の手先としてツチ族を利用し、国民から怨みを買った。一九六二年、独立後、多数派のフツ族が少数派ツチ族を大量虐殺した。ツチ族は大量難民としてコンゴへ亡命（一九九四年）アフリカのシンドラー。ポール・ルセサバギナ・ルワンダ大虐殺の生存者イマキュレー・イリバギザ著「生かされて」

・アフリカ問題……

第一……紛争多発問題（スーダン・リベリア・シオラレオーネ・コンゴ・エチオピア・西サハラ・ソマリア・ルアンダ等
第二……難民問題（スーダン・ルアンダ等、ＵＮＨＣＲが保護対象、サハラ以南五三四万人、世界全体の二十五％
第三……感染症問題…特にＡＩＤＳ・ＨＩＶ、感染者平均十五％から三十九％、ボツアナ四十％感染者五百万人、年間死亡者三十二万人、エイズ孤児百万人、差別で病院は患者を放置することもある、
ヌコシ少年の涙（南アの十一歳のエイズ患者）、ＢＲＥＡＳＴ　ＦＥＥＤＩＮＧの中止と粉ミルクエイズ患者への特効薬「ＡＺＴ」、エイズ国連特別総会（〇一）…日本は五年間で三十億ドル援助を約束した、特効薬のコピー問題、潜伏期間十年
第四……水不足問題…女性の水汲み
第五……マラリア病とデング熱の対策…ニバキン、クロロキン、ロッシュ等、潜伏期間十五年
第六……貧困問題…貧富の差の拡大、開発独裁（ウガンダ・中央アフリカ等）＝重債務国）
第七……ＯＤＡ哲学…「魚より釣り針を」、アフリカ代表発言……「自助努力（ＯＷＮＷＥＲＳＨＩＰ）」と同時に「ＯＤＡ（ＰＡＲＴＮＥＲＳＨＩＰ）」の重要性を強調した、自覚が生まれつつある。

第八……その他の問題…白人土地所有者に対する復讐（ジンバブエのムガベ大統領）、砂漠の南進・ハマターン

債務問題（ＬＬＤＣ・ＭＳＩＣ）

・アフリカの豊富な資源

第一……鉱物資源（世界産出量の四割以上）…白金・クロム・バナジウム・ダイアモンド

第二……鉱物資源（世界一）…ボーキサイト（ギニア）、コバルト（コンゴ民主共和国）

第三……南ア産（世界一）…金、白金属、バナジウム、クロム、マンガン等

第四……ウラン…ニジェール（世界三位）

第五……石油…ナイジェリア、アルジェリア、ガボン

・アフリカの地域機構および会議

「アフリカ統一機構（ＯＡＵ）」…一九六三年設立、五十三か国、うち四十八か国がサハラ以南

本部はアディスアベバ、最終目標は「ＡＵ」（アフリカ連合）

「西アフリカ諸国経済共同体（ＥＣＯＷＡＳ）」…リベリア内戦で三千人の将兵派遣

「南部アフリカ開発共同体（ＳＡＤＣ）」…十四か国、自由貿易圏創設

「アフリカ開発東京会議（ＴＩＣＡＤ）」…日本が五年ごとに東京で主催・ＡＡ戦略

第一回（九三）、第二回（九八）、第三回（〇三）、第四回（〇八予定）、南々協力センター（ＫＬ）

重点分野…ＩＴ、感染症対策（五年間で三十億ドル）、紛争予防と難民支援、青年交流
「ＡＡフォーラム」……途上国等への経済協力に関するバリ宣言に行動計画、バンドン会議（九四）、ＢＫＫ会議（九七）、ＫＬ会議（〇〇）
「ＡＡ会議五十周年記念会議」……〇五年、バンドンで開催、インドネシアと南アが共催、共同議長国、新戦略パートナーシップを発足、連帯と協力の新しい転換点
「第八回アセアン首脳会議」……〇三年、プノンペン、ゲストの南アのムガベ首相の発言、アフリカ連合（ＡＵ）結成と「ＮＥＰＡＤ（アフリカ開発のための新パートナーシップ）」、「ＮＡＩ（新アフリカ・イニシャティブ）」発足宣言
「環インド洋地域協力会議」…南ア・豪州・インド・シンガポール・タイ・ケニア・イラン・イエーメン等十九か国がメンバー、十六億人、ただし、パキスタンの加盟申請は拒否、
「アフリカ開発銀行（ＡＤＢ）」……本部アビジャン、日本が最大の出資国

・日本との関係

「野口英世博士」……黄熱病の研究、ガーナ野口記念病院―福島大学医学部と協力
「ＯＤＡ」……ＴＩＣＡＤ、日本人の手は汚れていない（緒方貞子）
「資源・市場・投資・貿易」……南アの金やレアメタル（稀金属）、ウラン
「観光資源」……エジプト、モロッコ、砂漠のバラ、月の砂漠、テーブル・マウンテイン、ビクト

リア滝、サファリ・パーク、キリマンジャロ山、チュニス遺跡、スエズ運河等、アフリカ大地溝

・各国の特徴

「マグレブ諸国」……エジプト・チュニジア・リビア・アルジェリア・モロッコ・スーダン、

「西アフリカ」……モーリタニア・セネガル・ガンビア・シエラレオーネ・リベリア・象牙海岸・ガーナ・ナイジェリア・コンゴー

「ギニア共和国」……サンコンさんの出身国、好きな言葉「もちつもたれつ」「義理人情」

「ベナン共和国」……ゾマホンさんの出身国、夢は故郷に学校を建設すること

「サンテクジュペリ」……「星の王子さま」の著者、「なぜ砂漠は美しいの?」「それは砂漠が井戸を隠しているからですよ」

「モーリタニア」……友人の一夫多妻の理由は?砂漠化の進行、年十キロメートル、後百年で全土が砂漠化

「マリ」……著書「マリ共和国花嫁修業記」、大家族、「しゅうとめ」が大変親切だったので味方が多い

「アフリカの角」……ソマリア（九三年米国は国連PKF派兵で失敗）

「東アフリカ」……ケニア・タンザニア・マダガスカル島・ザンビア

「ケニア」……環境副大臣マータイ女史、好きな言葉「モッタイナイ」、ノーベル平和賞

「南部アフリカ」……アンゴラ・モザンビーク・ボツワナ
「南アフリカ」……面積一二二・一万平方キロメートル、日本の三・二倍、人口四七四〇万（黒人七六％・白人一一％・カラー九％・アジア系二・六％）、首都プレトリア、言語、英語・アフリカーンス・ズールー語・コサ語、ＧＤＰ二一〇九億ドル（サハラ以南全体の四六％）、一人当たり＄四六六八ドル、通貨ランド、一米ドル＝六・三二五ランド、九四年人種差別政策（ＡＰＡＲＴＨＥＩＤ）廃止と民主的政権発足、デ・クラーク政権からマンデラ政権へ、さらにムベキ政権へ、ノーベル平和賞（デ・クラーク大統領とＡＮＣ議長マンデラの協力、三十年の獄中生活）、豊富な天然資源（金・ダイアモンド・クロム・白金・バナジウム等）、日本の対アフリカ貿易の半分を占める、日本の対南ア依存度…クロム鉱六七％、バナジウム鉱六二％、白金三四％、金二〇％等）

第九章　女性の力

女性参政権運動の先駆者はニュージーランドや豪州であり多くの国が戦後になって「フェミニズム運動」を展開して女権拡張を実現していった。一九四八年の「世界人権宣言」で男女間の差別を禁止（第二条）、婚姻・家庭に関する権利も平等であると規定している。また、「女子に対するあらゆる形態の差別の撤廃に関する条約」（一九八一年効力発生・日本は一九八五年批准）も強く訴えている。

女性解放運動の歴史は人権運動の一環である。女性解放運動の内容としては「選択の自由」「産児制限」「性の解放」「ピル使用許可」の実現の形で捉えることができる。米国人マーガレット・サンガー夫人が世界的レベルで運動の組織化に貢献した。第二次世界大戦後は一時期良妻賢母型で家庭（ホーム）を守る女性が理想的女性像と見なされた。日本でも「平塚らいちょう」が雑誌「青鞜」等を通じて、戦前および戦後を通じて、女性解放運動や婦人運動のため大きなかつパイオニア的な貢献をした。

しかし、その後は解放運動が進化し、女性の選択の幅が広がってきた。その結果、子供は作るが結婚

開発途上国の女性の地位確立をめざして

JICAにおけるジェンダー（注※1）・WID（注※2）の取り組みは、女性のエンパワーメントをめざす事業を拡大していくとともに、ジェンダー・メインストリーミング（注※3）を徹底していこうというものです。そのため、JICAの同分野に対する政策・方針を示す「WID配慮の手引書」（1993年）の政策に始まり、事業内容を検討し活性化する調査・研究、人材育成のための研修、情報整備、連携強化など様々な推進活動を行っています。

（注※1）男女の社会的・文化的性差、すなわち男女の社会的役割の違いや相互関係のこと。生物学的性差（セックス）と相対する言葉。

（注※2）Women in Development。女性を重要な開発の担い手であると認識し、開発のすべての段階に女性が積極的に参加できるように配慮していこうという考え。

（注※3）ジェンダー主流化。開発のすべてのセクター、すべてのプロセス、すべてのプログラムにおいてジェンダー平等の視点を統合し、すべての開発課題において男女双方が意思決定過程に参加できるようにすること。

ブラジル　家族計画・母子保健プロジェクト

1996年4月〜2001年3月・プロジェクト方式技術協力

ブラジルの東北部や北部の貧しい地域の人々は、出産の際に適切な介助を受けられないことが多く、一方、比較的裕福な人々は、出産の際に必要以上に医療の介入を求める傾向があります。

JICAは、ブラジル東北部に位置するセアラ州で「安全で人間的な出産と出生」をスローガンに、妊娠・出産に必要な知識と技術を広める協力を実施しています。ここでは准看護婦をはじめ医師や看護婦などに対して、妊娠・出産をめぐるサービスの向上に関するトレーニングを行っています。また、出産は病気ではないという認識のもとに、医療が過度に介入する受動的な出産よりも、妊婦が主役となった自然分娩を推奨しています。助産婦制度のないブラジルに日本の助産婦制度を紹介し、現地のニーズに合った助産婦を養成することに取り組んでいます。

はしない「シングル・マザー」が増大した。また、米国人の間では「PRO-LIFE派」と「PR-choice」が喧々諤々の議論が常時行われている。映画「クレーマー・クレーマー」の女優メリル・ストリープは社会的に独立し、男性に頼らないで、自らの運命を切り開いてゆく現在の米国女性を理想的に描いており、大きな影響を与えた。

女性運動の国際的展開としては、まず国連が一九七五年を「国際女性年」と指定し世界各地で行事が開催されたことが意義深い。これら行事を貫くスローガンは「武力競争（ARMS RACE）」を止めて、「人類の種（HUMAN RACE）」を守ろうというもので反戦運動の含みもあった。この年に「第一回世界女性会議」がメキシコシティで開催され、世界各地の女性運動の連帯のために、女性ネットワーク・ニュースの発行等が決議された。また、国連コペンハーゲン会議（八十年）、同ナイロビ会議（八五年）、同カイロ会議（九四年）、同北京会議（九五年）が開催された。カイロ会議では人口増加率低下の必要性を提言した。

「平和と女性」の問題はグローバリゼーションの進展とともに、米国の文化的帝国主義ではないかとの疑惑も浮上した。特に、イスラム教徒の間ではアメリカ的な女性観に対する抵抗が強い。男女の区別は社会活動のあらゆる場面で明確に区別すべしとの伝統的思想が強いからである。

他方、欧米や日本等でも女性解放運動があらゆる場面で突出してきている。例えば「男女雇用均等法」では雇用の申請や面接では写真の要求や家族構成についての質問が忌避されるようになってきた。言語上の差別忌避も強く提唱され、例えば「CHAIRMAN」を「CHAIRPERSON」にする慣行もその典型である。最近では女性議員の割合（スエーデン三十％強、フランス十三％強、日本九％強）や弁護士、高級官僚、パイロットなどでも話題に上っている。

また、日本は育児休業制度の面では北欧諸国から大きく劣後し、改善が必要である。

日本政府は途上国に対する政府開発援助（ODA）の重点政策の軌道修正を迫られている。これは国連が提唱する「WID（WOMEN IN DEVELOPMENT）」、「GAD（GENDER AND DEVELOPMENT）」を重要視する政策で、要するに、女性のエンパワーメントを目指す事業を拡大し、ジェンダー主流派の徹底化を図るものである。

第十章　グローバリゼーションの光と影

人類は二度もの残酷な大戦を経験したが、その原因を探ると大戦前の不景気や大不況にあることが分かる。そこで大戦終了前から戦後の国際経済のあり方につきいろいろな工夫がなされてきた。その代表的なものが「ブレトンウッズ体制」である。これは自由主義経済圏を守り、共産主義圏を封じ込めることを目標とする体制である。後者の方は社会主義経済体制を堅持するために「コメコン体制」を発足させた。なお、軍事的には前者は「北大西洋条約機構（NATO）」、後者は「ワルシャワ条約機構（WTO）」として相対峙していたが、冷戦崩壊と同時にWTOは消滅した（世界貿易機構のWTOとは異なることに注意して下さい）。

ブレトンウッズ体制の下で、「世界銀行」（IBRD・国際復興開発銀行）は当初欧州の経済復興を助けその目的が一応達成されると今後は発展途上国に対し経済協力を行い、その開発に貢献した。また、国際通貨や国際金融の分野では国際通貨基金（IMF）を通じて国際通貨の安定的供給の責任を担ってきた。さらに、国際貿易分野では「関税および貿易に関する一般協定」、つまり「GATT」が生まれ、自由貿易の促進のため、関税一括削減や非関税障壁の撤廃などで大きな役割を果たした。「GATT」は

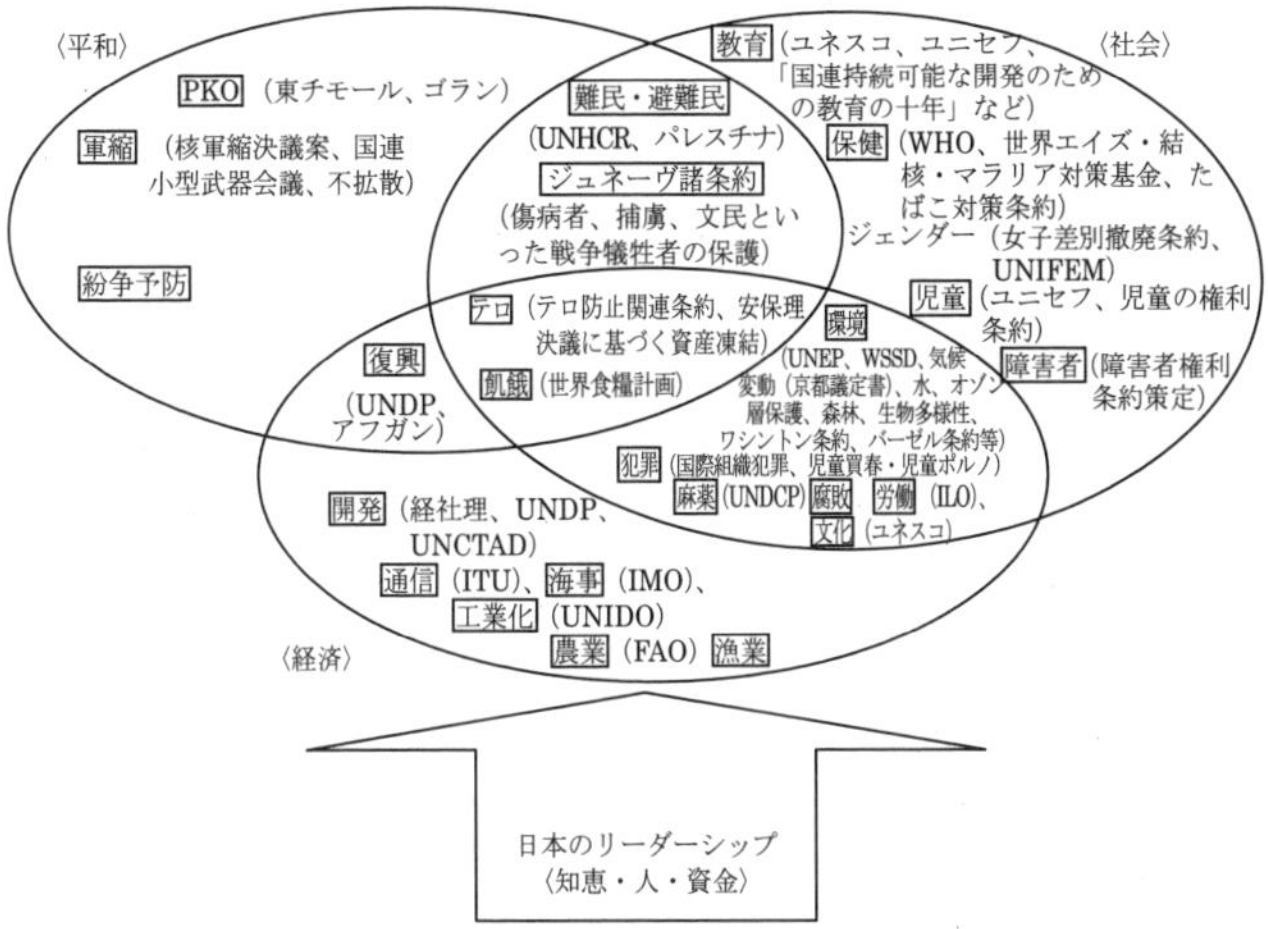

図10－1　グローバル化の急進と国際連合の役割
出所：外務省

九五年には「世界貿易機構（ＷＴＯ）」へと生まれ変わり、従来の役割に加えて、知的所有権の保護や経済紛争の調停など新しい任務を引き受ける存在として活躍している。こうして世界貿易はますます発展し、地球規模で活動することとなった。

各国の多国籍企業などが国境を越えて資本を移動させて活躍し、労働者の移動も増大してきた。こうした動きは経済の近代化に役立ち、国際平和を齎してきた。「グローバリゼーション」とはこうした経済的な、社会的な相互作用が世界的な規模で拡大することを指す言葉であるが、そのインパクトは強大なものがある。九〇年以降は「モノ・カネ・ヒト・情報」が世界各国間で自由に行き来し、活動の地平線が益々開けてきた。特に「ＩＴ（情報技術）」の発展がこの傾向を大きく助長し、「グローバリゼーション」を進めたことは間違いない。この点に関して、コミュニケーション表現の手段として「英語」が果たした貢献度も巨大なものがある。したがって、世界は今や「デジタル・デバイド（D／D）」かつ「イングリッシュ・デバイド（E／D）」の時代に突入したと言っても過言ではないと思う。この格差が個人レベル、国家レベルでの優劣を決める。

冷戦終結（八九年）の後、ソ連等旧社会主義圏が崩壊したことが「グローバリゼーション」を促進することもなった。中国もこれを「全球化」と訳して、その世界に突入した。ただし、イスラム社会だけが、その流れに乗れず、苛立ちを深めているように思われる。

グローバリゼーションの「光」の部分としてはまずネットワーク効果があると思う。つまり、自分以外の力を用いて自分の力を倍加することができる。これにより外注化や戦略的提携が可能となる。また、従来の価値観が衝撃を受けて、修正を迫られるであろう。具体的には所有より利用へ、雇用の外注化へ、ベストなモノ、カネ、ヒトを世界規模で調達可能となる。これが進むと会社名の入った名刺は不要となり、どの分野のスペシャリストかが問われよう。さらに、報道の自由が実現し、民主化が促進される。中国は報道の自由が今のところ余りないが、ネット世代やネットカフェの増大により、徐々にその自由は実現してゆくであろう。グローバリゼーションについての今後の見通しとしては「ソフトパワー論」、

「情本主義」そして「知価革命」が実現してゆくと思われる。

他方、グローバリゼーションの「影」の部分を検討してみたい。グローバリゼーションの進展は画一化を強制する結果、固有文化を圧迫し、かつ、時にはこれを破壊してしまう。これに対し「ファースト・フード運動」がある。これは固有文化に基づく帰属意識（IDENTITY）に対する圧迫や破壊に対する反対運動として展開され、食物だけでなく、生活スタイル全般も考え直す運動としても捉えられている。著書「地球は売り物じゃない」で有名となったフランスの戦う農民ジョゼ・ボベがアメリカのジャンクフードと戦う雄姿がマスコミで喧伝され、世界各地の農民に勇気を与えた。「DD」により格差が拡大し、「南北問題」「南々問題」をさらに深刻にしかねない。

グローバリゼーションに対する批判運動としてシアトルでのWTO閣僚会議抗議デモやジェノバでのG8会議デモがマスコミに大々的に報道されたが、これはBSEなど食の安全性や環境問題についての不満をNGO等が訴えたものであった。その一つの現象としては前記の「スローフード運動（SFM）」が挙げられる。八六年北イタリアで「SFM」が誕生した。初代ローマ会長はカルロ・ペトリーニ氏で、八九年十二月九日、「スローフード宣言」を行い、「スローフード賞」を設定した。各国から成る審査員は六四〇名で、初代受賞者は佐賀県の古代米栽培者であった。

なお、人類はグローバリゼーションよりもっと深刻かつ根本的な問題として、人口爆発、地球温暖化や貧富の格差拡大などがあるので、これらを決して忘れてはいけないと思う。また、グローバリゼーションの倫理面も重要視すべきであろう。具体的対象としては環境、労使、および金融政策等がある。

第十一章　情報が死命を制す

知識や情報がもつ政治的、経済的な意義は大変大きいものがある。「知識は力」であり、「ペンの力」は「剣の力」に勝ると言われてきた。十九世紀末、プロシア（現在のドイツ）宰相ビスマルクは「賢者は歴史に学び、愚者は経験に学ぶ」との有名な格言を吐いた。確かに、人間の歴史は「武断主義VS文化主義」、あるいは「現実主義」VS「理想主義」が織り成して、今日まで連綿と繋がっている。人類の歴史は知識や情報や技術を発展させ、輝かしい文明を築きあげてきたが反省することも多い。それはこれらの知識や情報や技術を如何に使うかの問題である。科学技術でも使われ方如何により、人類の平和と繁栄が齎されると同時に、間違えると、または為政者がモラルを欠くと、政略や侵略の手段に堕し、弾圧や戦争へと駆り出されてしまう。

昔から、知識や情報は限られた一部の支配層やエリート層に独占されてきたことは今では常識になっている。今でも世界の一部で、為政者や権力者が「知らしむべからず、依らしむべし」の態度で、国民を愚弄して、自己に好都合な政策を行っている。為政者は国民あるいは市民に限られた情報や偏った知識を教えて、世論を操作しようとする。これに成功すると為政者は自己に都合がよい思うがままの排外的な外交政策を展開してしまう。典型的な実例が第二次世界大戦前または戦時中の全体主義国家（ファッシズム）や共産党独裁国家のやり口である。前者としては日独伊等枢軸国があり、後者としては旧ソ連、中国、北朝鮮等が挙げられる

ここに「情報公開法」の重要性が改めて認識される。要は三十年前の政府文書を原則的に要請に応じて一般市民に公開する制度で、現在、日米等一部先進諸国で実現しており、情報の民主化である。情報公開の理想とは人間らしい世界を創ることであり、そのためには何よりも、知識や情報を媒介しての「共生の世界、共生のコミュニティ」を作ることである。国境を超えたグローバルな結びつきを強め、お互いの繁栄と福祉向上のために協力する過程で情報の交換、共有、伝播を通じてグローバルな協調をすることが重要である。この場合は反対勢力、反発グループへの対応も公平であることが要求され、相手側の表現の自由を尊重しなければならない。国連憲章の基本理念ともなった、いわゆる「四つの自由」、すなわち、「言論表現の自由、信仰の自由、欠乏からの自由、恐怖からの自油」が大西洋憲章（四一年一月、米英巨頭会談）が宣言され、これを基礎に、「領土不拡大、住民が政体を選ぶ権利がある」などが提言されたことは歴史上画期的なことであった。

民主主義の社会では何よりも「知る権利」が尊重されねばならない。これは市民にとり最も大事なこ

とである。政府や為政者はこの「知る権利」を尊重して、自らの「説明責任（ACCOUNTABILITY）」を実行し、常に公務遂行上の責任の所在を明らかにしておかなければならない。これこそ民主主義の原点である。また、民主主義の発展のために大衆教育が不可欠である。そうでないと宣伝やデマゴグに惑わされ、容易に情報操作の犠牲となりやすい。衆愚政治となってしまう。初等教育を充実させ、非文盲率を高め、教育を受ける権利を保障しないと民主主義の芽は育たない。各国の「民主化が普及してこそ、国際平和も実現する」、との言葉は国際連盟結成への情熱をたぎらせた米国のウィルソン大統領の信念を表すもので深い尊敬に値する。私達はあくまでも平和の意義を説き続けて、世界中の人類の心の中に「平和の砦（DEFENCES　OF　PEACE）」を築かねばならない。「ユネスコ憲章」が前文で高らかに宣言している所以である。

第二次世界大戦後は長い不安定な東西両陣営間での冷戦（一九四七年—八九年）が展開されたため、地球規模的な情報大衆化は実現しなかった。むしろ事態は逆で、両陣営間で情報操作による「思想戦」、「プロパガンダ戦」が激しく争われた。情報のグローバル化とは逆行する動きが見られた。この裏面には両陣営間の秘密諜報機関の暗躍があった。諜報機関としては米国の「CIA」や「FBI」、英国の「MI5」や「MI6」、旧ソ連の「ゲー・ペー・ウー」などがある。イスラエルの情報機関「モサド」も有名で、現在でも活躍している。諜報活動は「人的情報（HUMINT）」と「通信情報（SIGINT）」

に大別されるが、最近では英米系機関による「エシュロン」も注目に値する。日本にも内閣公安調査室という機関があるが、欧米諸機関と比較すると「ひよこ」のような存在に過ぎず、寒々とした印象を受ける。

他方、これまでの国際交流や情報伝達がTV、ラジオ、国際電信電話、海外旅行者、留学生交換等でも実現してきたが、最近では「IT（INFORMATION　TECHNOLOGY）革命」の結果、情報通信機器と機能が飛躍的発展を遂げてきた。パソコンやFAXやケイタイの普及やCNN（ケーブル・ネットワーク）の普及は誠に目覚しい。特にTVの影響力は絶大であり、世論形成の死命を制すると言っても過言ではない。第三次世界大戦としての「冷戦」が西側陣営の勝利で終わった最大の功績者は「TV情報戦」であったとすら評価されている。その結果、一般市民層にも「インターネット」等が飛躍的な規模で普及するようになった。NGOの数も活動も増大した。情報公開、情報通信機器の日々新たな開発と性能改良、軽量化、スピードアップ、コスト減でさらにその普及が加速化した。距離と時間の差があっという間に克服され、情報伝播が文字通りリアルタイムで実現している。まさに二四時間体制で世界中の出来事が実況放映されるという驚異的な現象が日常茶飯事となっている。一昔前には想像すらできなかった世界である。

「IT（情報革命）」のトップは何と言っても「インターネットの普及」であろう。今や世界各地で膨大な市民があらゆる種類の組織が提供する「ホーム・ページ」にアクセスし、また、毎朝新聞を読む。こうした市民を「ネチズン（ネット・シチズン）」と称してもよいだろう。グローバルな情報交換を武器とする「NGO」は「ネット・サービス」を最大限に活用している。世界中の電子メールやホーム・ページを活用して、最貧国の負債の免除を強烈に要求したのである。ターゲットにされたのはWTOシアトル会議（九九年）、九州・沖縄サミット（〇〇年）などで、まさに「情報は力なり」の威力をまざまざと見せ付けられたケースであった。

現在、インターネット利用人口とその地域的割合（全体比）は次の通りである（郵政省平成十二年版の通信白書）。

・利用人口……九五年が二六百万人、〇〇年が二億七千六百万人（五年間で九五年の約十倍）
・地域的割合……北米（米加）…四九・四%、欧州…二六・一%、
アジア太平洋…一九・九%、南アメリカ…三・二%、アフリカ…〇・九%
中近東…〇・五%
・これを観察すると「北」を「北米＋欧州」とすると、七五・五%、それ以外が二四・五%、「北」を「北米＋欧州＋アジア太平洋」とすると九五・四%、それ以外が四・六%である。如何にインターネット利用の「南北問題」が生じているかが一目瞭然である。この現象は典型的な「デジタル・デ

バイド（DD）」であり、これを放置しておくと「南北格差」がますます加速化されていくことは避けられそうもないことが明らかである。

最後の情報の自由が「歴史観の共有」を通じて国際理解を実現できるかという課題について触れてみたい。まず、情報に自由にアクセスできるか否か、できるとしてもどの程度かという問題がある。これは結局、「情報の量」よりも「情報の質」または「情報の利用方法」がより重要だということを示唆していると思う。この点については既に述べたとおり、その結果が国際社会の平和や秩序に関連してくるのである。

現在で「情報公開法」と言っても、ほとんどの国が戦争中の外交や軍事に関する文書を完全に公開することに抵抗している。自国に好都合な情報だけは公開に応じているが、他は「国益」とか「公安事案」とか「外交上の機密」とかの理由の下に「極秘」扱いとしてしまう。したがって、こうした姿勢や方針の下に情報公開手続きが運営されれば、「情報の共有」や「情報のグローバル化」はない。その結果、限られた情報を頼りにあれこれ事象を憶測し、かつ、思想的な判断をせざるを得ない。赤裸々な史実へのアクセスが欠如すれば客観的な研究も分析も困難となり、個々の歴史史観も歪曲されてしまう。こうした事情のため、人類共通の歴史史観が生まれてくる可能性は無くなってしまう。歪んだ歴史史観を押し付けられて、学者も研究者も一般市民も学生も主婦も誰もが犠牲となってしまう。やはり、全人類的な歴史史観、そして、それに関連しての知的、精神的な繋がりがあってこそ、人類の発展があるのではなかろうか。

日本は中国や韓国との間で「歴史認識問題」を巡り、激しい批判攻撃に曝されていたが、最近になって、関係諸国を代表する歴史学者が同じテーブルについて冷静かつ客観的に学問的議論を重ねてゆくフォーラムが発足したことは大変よいことだと思う。どの国も伝統的な歴史観の殻から離脱することは至難なことであるが、とにかく「歴史問題」を「政治問題化」するほど愚かなかつ不毛な選択をしてはいけないと思う。最終的には独仏両国が「共通の歴史教科書」を採用したように、日中韓三国間でも「東アジア歴史教科書」を検討し、実現しては如何かと思う。これには後日、北朝鮮、モンゴル、台湾、ロシアなどの参加も求めるべきであろう。

筆者が平成十七年六月の「日本コミュニケーション学会第三五回年次大会」（於関西外国語大学）で行った基調演説「異文化メディエーションの今日的意義」の末尾の部分が「情報問題」について触れているのでご参考までに引用することをお許し願いたい（第一章：資料参照）。

日本人の「活字信仰」文化は逆に簡単に情報操作されてしまう脆弱性を孕んでいる。その歯止めとして読者の知的成熟度が期待されるが、これは「言うはやすく行うは難し」である。この忙しい日常生活で批判の目で新聞雑誌を読むことは不可能に近い提案であろう。しかし、少なくともマス・メディアはそうゆう「諸刃の剣」的な性格をもった存在だという認識だけは忘れたくない。八十年代の初め、フィリッピンのマニラ市で世界ジャーナリスト大会が開かれ私もこれにオブザーバーとして参加した。その時、ゲスト・スピーカーの故マルコス大統領が冒頭でいきなり「今日、我々は米国等巨大マス・メディアの人質状態になっている。これは健全な状態とは言えない」と爆弾発言をしたので、会場を埋めた世界各国のジャーナリスト達が驚いて、ざわめく様子が窺えました。

日本の主要各紙や主要TV局も米国等巨大マス・メデイアから記事を買って自社の紙面や番組を作成している割合が相当ある。AP、UP、UPI、ロイター、AFP、EFE等である。CNNや全米三大TV局、それにNYタイムズやワシントン・ポストの影響力は絶大である。英国のBBCやファイナンシアル・タイムズ紙も同様である。本邦各紙の記事の大半が米中やイラクや朝鮮半島関係で埋め尽くされている。これは日本にとって重要度が高いから当然のことであるかも知れないが、もう少しバランスをとってもよいのではないだろうか。そんな印象が拭えない。しかも、記事の多くが直接取材でなくて、欧米等の通信社からの購入記事が多いので知らず知らずのうちにマインドコントロールされているのではという不安を覚える。

イラク戦争では中東のTV局アルジャジーラが活躍しているが、これも別のアングルから真実に迫るものとして大いに評価したいと思う。かつて、ベトナム戦争時代にアメリカ人ジャーナリストは誠に逞しく、その強烈な記者魂を知る私としては最近の米国マス・メディアは少し静か過ぎると思う。どうやら巨大資本が多くのマス・メディアを買収した結果らしいということで、やはり「社会の木鐸」と言っても、残念ながら資本主義の論理には勝てないのだな、との思いを深くした。「戦争と世論」の関係も大事なテーマであるが、この議論は紙面の都合上、割愛したい。

私が感心するのはアメリカのマス・メディアは外交を内政の道具にしない、国益に損害を与えるような報道や論調は極力避けるという暗黙のモラル基準があるように見受けられることである。「外交は波打ち際まで」という金言が生かされている。「戦争遂行中の大統領を背後から批判するのは卑怯だ」という国民的な信念があるのかもしれない。ただし、大統領がこんな真面目な国民的な信念を逆用して、選挙で勝つために敢えて戦争始めたとすれば、これは正に本末転倒と言わざるを得まい。私はそんな逆転発想を信じたくない。

他方、欧米マス・メディアの影響はさすがに決定的である。二〇〇五年四月の中国各地における反日暴力デモに対して、英国のＦＴ紙が「最後のツケは中国にゆく。日本は中国の政治的ゲームに巻き込まれるな」と論じ、米国のＮＹタイムズやワシントン・ポストが中国政府黙認の反日デモを非難するなどの論陣を張ると、中国政府も急におとなしくなってきたような印象を受けました。この現象は戦前の中国が欧米、特にアメリカの世論を中国ペースに巻き込んで、プロパガンダ戦では日本を圧倒したことから明らかなように聡明な中国は米国の世論の動向にどの国よりも神経を使っているからであろう。まぎれもなく日本は情報音痴、情報後進国である。日本も米国世論を自分の側に惹きつけるための具体的な、かつ、効果的な工作をもっと工夫し、実践する必要があると思う。日本は自らのイニシャティブで米国世論のホンネを探り、それに対して適切かつタイミングのよい対処をする必要がある。また、平素より地道な「メイド・イン・ジャパン」の発信努力を継続することが大事である。

平和国家および非核国家を目指す日本としては最近のNPT総会が失敗に終わったことは如何にも残念である。日本の国家戦略が強固でなく、また、魅力に欠け、他方、米国の政策が非弾力的で頑なであったため、日本の影響力が及ばなかった実例でもある。BSE問題では日本が異常に原則にこだわったせいなのかもしれない。日米同盟との美辞麗句も実態はむき出しの国益が衝突することがある。今後、日本は平和国家としてのイメージ戦略を強力に展開し、世界中に日本の思いと信条とをもっと大々的に発信する必要がある。

貧困が紛争の種であり、これを放置すればやがて戦争へと燃え上がる。日本も各国と緊密な協力を通じて、紛争を芽の段階でつむぎ取るための「ODA」をもっと弾力的に、かつ、機動的に運用する必要があろう。こうして日本発のメディエーションにより、世界各地の相互理解が深まり、「平和の砦」が築かれるのだと思う。

最後に異文化メディエーションが「地球市民の心の中に平和の砦」を築くことが鍵だと思うがその

条件は「インテリジェンス戦略」にあると思う。これには歴史教育の強化も必要となり、また、異文化間の関係において「文化相対主義」が認識されなければならない。国際世論の動向に影響を及ぼし得るレトリックや理論武装化も重視されねばならない。国益または地球益のための「ソフト・パワー」がますます重要となってくる。

かつてフランシス・ベーコンが「情報は力なり」との有名な格言を残したが、これを応用して言えば「情報は平和国家にとって最大の武器であり、平和の砦そのものである」と断言できると思う。

第十二章　地球村の建設
――環境保護・人間の安全保障・ＯＤＡカード――

一　環境問題

　六十年代以降、世界の経済成長は平均六％を記録し、大きく発展したが、それに伴い、国内や海外への一大旅行ブームが巻き起こった。これとともにレジャー産業も目覚しい発展を遂げた。さらに、七十年代以降、経済のグローバル化が進み、多国籍企業の海外進出が顕著となった。その結果、自然環境への負担が大きくなった。地球温暖化、フロンガスの発生、水資源の枯渇、砂漠化拡大現象、大気や河川の汚染などが増大した。貴重な野鳥やアザラシやクジラの乱獲がこれらの生物を絶滅寸前の危機に追い込んだ。アマゾン河一帯の森林の乱獲、沖縄諸島の珊瑚の白化現象、海岸地帯のマングローブの死滅などの現象が見られ、由々しき問題となった。これに対して、従来は各国別にその対応を行ってきたが、これでは効果的な結果が得られないことが判り、国際的な共同行為の取り組みが始まり、各国が手を繋ぎ、国際間の連帯行動の気運が高まった。こうして、地球市民は遅まきながら「かけがえのない地球（ONLY　ONE　EARTH）のスローガンの下に具体的な実践活動が開始されるようになった。

世界各地で地球環境保護の動きが目立つようになってきた。その嚆矢となったのが米国の海洋動物学者レイチェル・カーソン女史著「沈黙の春」であり、環境問題の深刻さへの警告が発せられた。その後、国連諸機関が中心となって、次のような各種の国際会議が開催され、環境や生態系（ECO―SYSTEM）への関心が高まったが、NGOなど市民運動がグローバルな展開を遂げ、盛んに意識の高揚へ貢献した。

・「国連人間環境会議」…六二年、於ストックホルム世界最初の環境会議、一一四か国参加、会議の結果、「国連環境計画（UNEP）」がナイロビで発足した。
・「世界野生生物基金（WWF）」…六一年、野生動植物の保護、ユネスコ事務総長（J・ハックスリー）などのイニシャテイブで設立した。その結果、アフリカ象密売を阻止するための「象牙輸入禁止条約」を八十年に発効した。
・「グリーン・ピース」…七一年発足のINGO（国際的NGO）、核実験による海水汚染問題、地球砂漠化防止運動、無制限な捕獲によるクジラ絶滅への反対運動を展開した。「国際捕鯨委員会（IWC）」での攻防が強烈で日本の主張とは悉く対立している。

表12－1　主要各国の排出状況と温暖化対策の現状

	日本	EU	米国	途上国
世界全体における排出量の割合	約5%	約13%（EU旧15か国の合計）	約23%（世界最大の排出国）	約40%（中国約14%、インド約4%）
京都議定書上の削減義務	▲6%	▲8%	▲7%	なし
最近の排出量（対90年比）	＋8.3%（03年度）	＋2.3%（15か国：02年）	＋17.6%（02年）	＋44.9%（非附属書I国：02年）
対策の現状	2005年4月末に「京都議定書目標達成計画」を策定。官民あげて温暖化対策を実施中。	英、独などを中心に削減を着実に推進。排出量取引制度の導入、省エネ推進、燃料転換等により対策を推進中。	2001年に京都議定書からの離脱を宣言以来、独自の取組（水素エネルギーや炭素隔離等革新技術、メタン利用等）を推進。	エネルギー消費の伸びが著しい新興経済国を中心に排出量が急増中。現状の削減対策は、限定的。

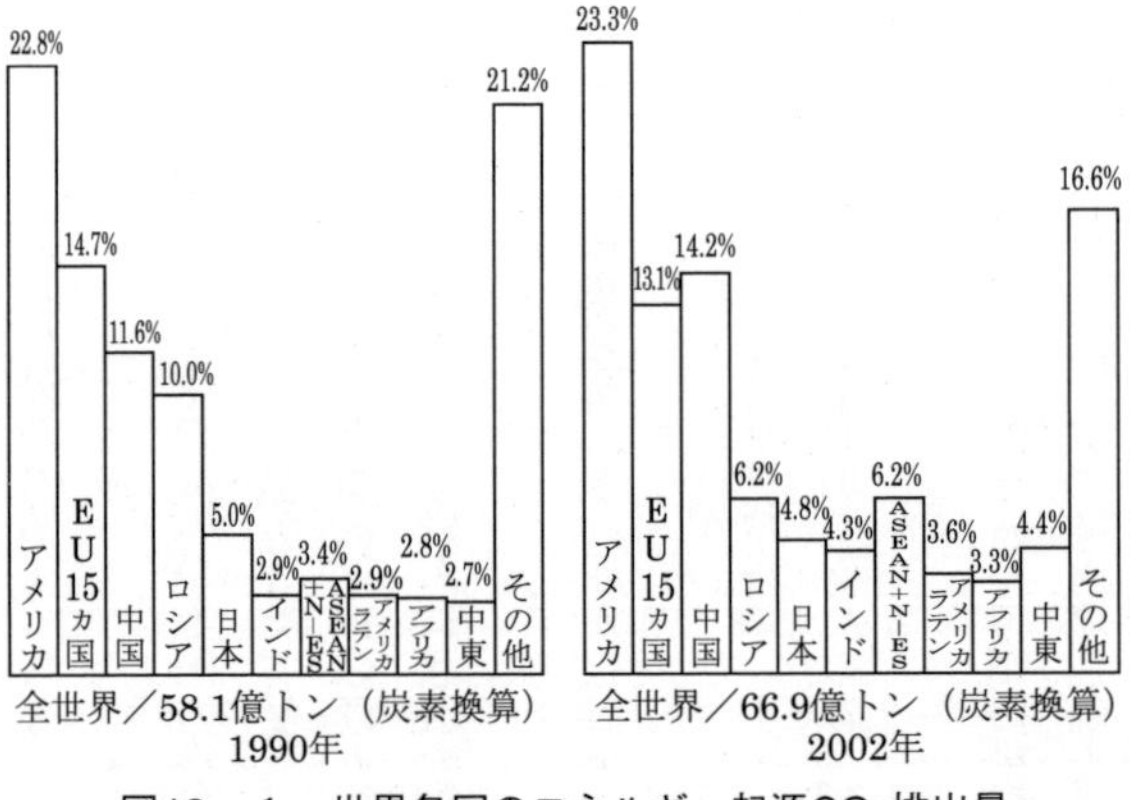

図12－1　世界各国のエネルギー起源CO_2排出量

温室効果ガス

二酸化炭素（CO_2）、メタン（CH_4）、一酸化二窒素（N_2O）、代替フロンなどが温室効果ガスと言われています。もし、地球上に温室効果ガスが存在しないと、平均気温は－18℃となり、生命は生存できません。温室効果ガスは、地球を生物の生存に適した気温に保つために不可欠なのです。問題はその増加です。

（出所：世界の動き06・1）

・「国連環境国際会議」…九二年、地球サミット、於リオデジャネイロ、通称リオ会議

その結果、最終報告書で、「先進国は発展途上国の持続的成長について責任がある」と明記された。

・「グローバル・フォーラム」…「リオ会議」と並行して非政府団体（ＮＧＯ）によって開催された。会議の決議として「平和、開発、環境保護は密接に関連して、不可分のもの」との宣言が採択された。この決議は環境問題が世界の平和と相互依存的なものであることを強調して、アッピールした。

・「リオ＋10」…〇二年、ヨハネスブルグで開催された国連地球環境会議。ここでリオ会議の唯一の成果は「京都議定書（〇五年二月発効、対象の第一約束期間は〇八年―十二年）」と断じた。温暖化の元凶のガス排出量世界一の米国が議定書批准を拒否し、排出量第二位の中国や第五位のインドが途上国であるとの理由で削減義務から免除されていることが問題視された。会議はハンディキャップ状態となった。地球の加害者の残存はどうするのかの課題が残されている。

表12－2　地球温暖化に係る国際交渉の経緯

1．京都議定書以前	2．京都議定書以降
条約交渉（90年12月～92年4月） ▼ 気候変動枠組条約（92年5月採択、94年3月発効） 地球サミット（92年6月、リオデジャネイロ）で150か国以上が署名。先進国は1990年代末までに温室効果ガス排出量を1990年レベルまで戻すことを目指す（努力目標） ▼ COP1（95年3月、ベルリン）「ベルリン・マンデート」 先進国の取組についてCOP3までに議定書等の形で結論を得ることを目指し検討を開始 ▼ COP2（96年7月、ジュネーブ） 「ジュネーブ閣僚宣言」 議定書には法的拘束力のある数値目標を含み得ること等を明確化 ▼ COP3（97年12月、京都） 「京都議定書」の採択 先進各国について法的拘束力のある排出削減目標値に合意	COP4（98年11月、ブエノスアイレス）「ブエノスアイレス行動計画」 COP6に向けた国際交流の進め方につき合意 ▼ COP5（99年10－11月、ボン） 多くの国が、2002年までの京都議定書発効の重要性を主張 ▼ COP6（2000年11月、ハーグ） 京都議定書の運用ルールについて決定する予定であったが、合意は不成立、会議中断 ▼ COP6再開会合（2001年7月、ボン）「ボン合意」 京都議定書の中核要素につき基本合意 ▼ COP7（2001年10～11月、マラケシュ）「マラケシュ合意」 京都議定書の運用ルールの国際法文書に合意 ▼ COP8（2002年10月、ニューデリー）「デリー宣言」の採択 途上国を含む各国が排出削減のための行動に関する非公式な情報交換を促進することを提言 ▼ COP9（2003年12月、ミラノ） 京都議定書の実施に係るルールが決定 ▼ COP10（2004年12月、ブエノスアイレス） 「政府専門家セミナー」の開催（2005年5月） 「適応対策と対応措置に関するブエノスアイレス作業計画」に合意 ▼ COP11及びCOP/MOP1（2005年11～12月、モントリオール）

出所：外務省

ここで現在人類が直面している環境問題を整理してみたい。
・「水不足問題」…水利権と水争い・農業地下水・水の商品化・油独汚染・氷山の利用は可能か?
・「砂漠化」…サハラ砂漠の南下運動・北京郊外の砂漠化・黄砂は砂嵐・黄河の渇水・過度の放牧で牧草壊滅・森林伐採と植林計画の欠陥・旱魃・生態系難民の続出。
・「地球温暖化」（GLOBAL　WARMING）…「CO2」排出制限、酸性雨（ACID　RAIN）、大気汚染、中国の大量の劣化石炭燃料、排気ガス
・「オゾンホール」…フロンガスによるオゾン層破壊は紫外線を通し皮膚癌の原因、冷蔵庫やエアコン等のフロンガス使用禁止

では現実にはどうしたらよいのか?
・二十世紀の百年間で世界の総生産高は十四倍だったが、各種エネルギー総量の増加率は十六倍だと言われている。このようにエネルギーの増大は生活水準の向上に比例して極めて著しい。したがって、二十一世紀の課題はエネルギー資源の確保にあると言っても過言ではない。現在、石油代替エネルギーとして、天然ガス、原子力エネルギー、バイオマス、風力と太陽熱などがあるが、原子力エネルギーは放射性物質による汚染への懸念があるので需要は伸びないであろう。
・エネルギー資源は有限なので、その分配を巡って、国家エゴと結びつき国家間の対立や地域紛争の

種となり易い。二十世紀の二つの世界大戦も「石油の一滴は血の一滴」と言われたほど、エネルギー資源の争奪戦は死活的な重要性をもち、人類はこの悲劇を繰り返してきた。まさに「油断大敵」なのである。二十一世紀を「戦争のない世紀」とするためにはエネルギー問題や環境問題への対策が重要であり、かつ、対策の実施は一国内だけの措置に止まらず、地球規模的問題としての自覚に立ち、グローバル的な解決が不可欠である。

・結局、先進国の「環境重視」と途上国の「開発重視」とを妥協させての「持続可能な開発」（SUSTAINABLE DEVELOPMENT）が当面の方程式となる。これは将来に向かって人類の要求を満たし得るような経済成長を意味する。そのためには地球の生態系をできるだけ永く保たなければならない。これは世界各国の経済成長率を低めることになるかもしれないが、経済成長そのものの重要性を否定するものではない。先進国途上国とを問わず、すべての国々が必要最低限の生活向上が可能となる経済成長であればそれで満足するべきだとの思想である。

二　人間の安全保障

「国家」を守っても、個々人の「人間」が守れるとは限らない。従来のように国家単位で国家の安全保障が守れても、その国家の中の国民一人ひとりの安全が必ずしも確かなものになるとは限らない。つまり、「人間の安全保障」とは従来型の「国家の安全保障」だけで満足せず、「個人の安全保障」を実現してこそ、完全なものとなるとの視点に立つものである。従来の力点をシフトし、パラダイムを画期的に変更したものである。

では「人間の安全保障」の目標は何か?これはグローバル化の中で、紛争、難民問題、感染症、突然の経済金融危機等が及ぼす、人間の生存、生活、尊厳に対する脅威から「各々の個人」を守り、それぞれの個人が有する豊かな可能性を実現するために、「一人ひとり」の視点を重視する取り組みを強化しようとする「考え方」で、国家の安全保障を「補完」するものとして、「個々人」の能力強化による社会造り、国造りを目指すものである。

「人間の安全保障」の具体的な問題としては「人権獲得の歴史」を振り返ると見えてくる。

・国連人権規約…A規約（生存権的基本権）とB規約（自由権的基本権）、欧州人権規約、ジェノサイド条約、人種差別撤廃条約（南アのようなアパルトヘイト廃止）、国際刑事裁判所（海外駐留の米軍将兵は逮捕訴追される可能性について不安を感じている）、中国内の人権抑圧問題（天安門事件、チベット弾圧事件）について「人権侵害」を理由に内政干渉が許されるか?

人間の安全保障

1．グローバル化の下で、紛争、難民問題、感染症、突然の経済危機などの人間の生存、生活、尊厳に対する脅威から各個人を守り、それぞれの持つ豊かな可能性を実現するために、一人ひとりの視点を重視する取組を強化しようとする考え方であり、国家の安全保障を補完するものとして、個々人の能力強化による社会づくり国づくりを目指す。

2．我が国外交の重要な視点。以下のことを実施。

①国連に人間の安全補償基金を設置（現在までに約259億円を拠出）。

②人間の安全保障委員会の活動を支援。

③「草の根・人間の安全保障無償」を実施（今年度予算150億円）。

④人間の安全保障諮問委員会（緒方貞子議長）を創設。

3．今後は、人間の安全保障委員会（上記②）が小泉総理及びアナン事務総長に提出した報告書の提言を実現するため、各国・国際機関・NGO等と連携して取組を強化していく。具体的には、人間の安全保障の理念の普及活動と、人間の安全保障の「現場」における具体的実現のため尽力する。

（参考1）人間の安全保障委員会と報告書

（1）本委員会は、2000年のミレニアム・サミットにおける我が国の呼びかけに応え、緒方貞子前国連難民高等弁務官及びアマルティア・セン・ケンブリッジ大学トリニティカレッジ学長を共同議長とし、世界に訴える新しい理念とそれを実践につなげる方途を討議することを目的として、計12名の世界的有識者をメンバーとする独立した委員会として設立された。

報告書に掲げられたの提言は要旨次の10点である。

1．暴力を伴う紛争下にある人々を保護する
2．武器の拡散から人々を保護する
3．移動する人々の安全確保を進める
4．紛争後の状況下で人間の安全保障移行基金を設立する
5．極度の貧困下の人々が恩恵を受けられる公正な貿易と市場を支援する
6．普遍的な最低生活水準を実現するための努力を行う
7．基礎保健医療の完全普及実現により高い優先度を与える
8．特許権に関する効率的かつ衡平な国際システムを構築する
9．基礎教育の完全普及により全ての人々の能力を強化する
10．個人が多様なアイデンティティを有し多様な集団に属する自由を尊重すると同時に、この地球に生きる人間としてのアイデンティティの必要性を明確にする

（出所：外務省）

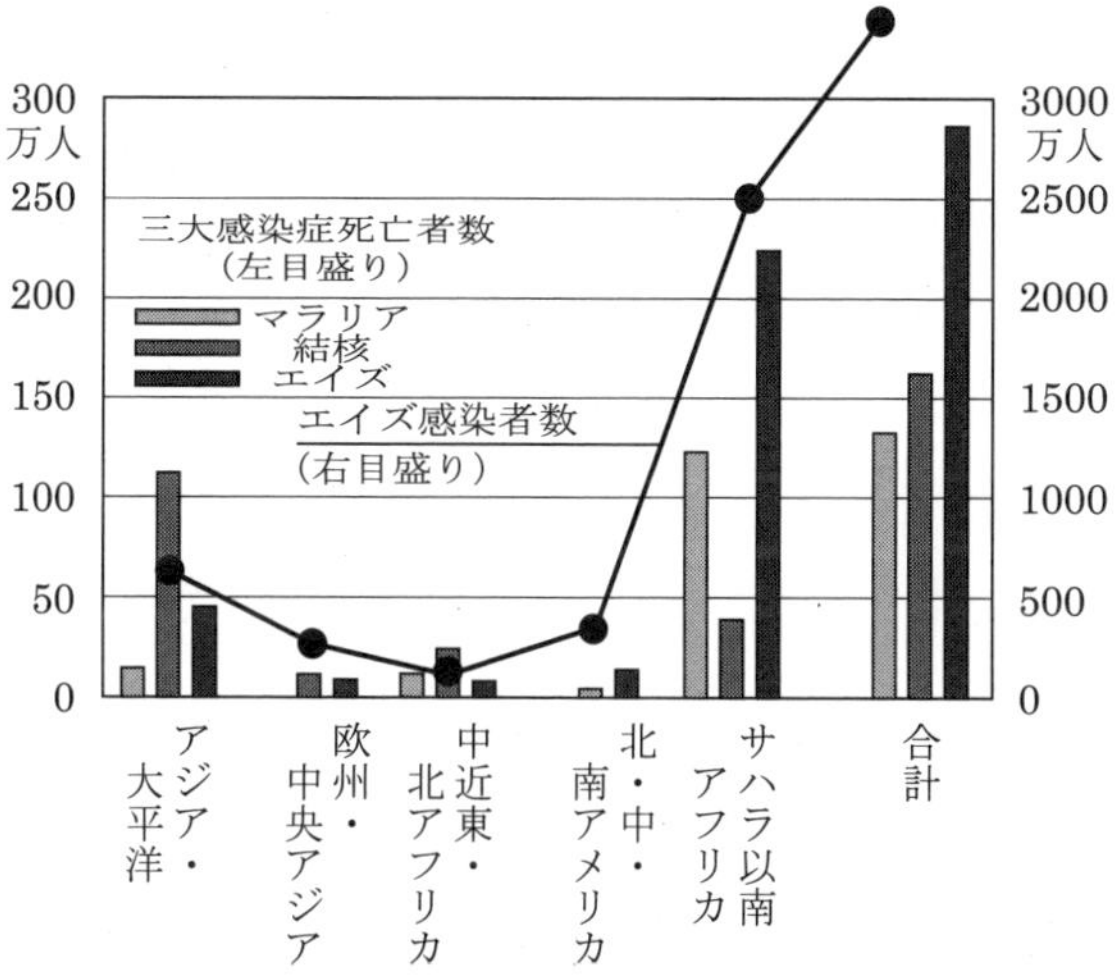

図12－2　三大感染症死亡者数とエイズ感染者数
出所：世界の動き06・1

・人権の歴史…マグナカルタ、名誉革命（権利の章典）、米国独立宣言、フランス革命と人権宣言、国連の「世界人権宣言」
・紛争の予防と復興…平和構築プロジェクト、イラクの救援活動…ヨハン・ガルトウング博士の「平和学」・消極的平和と積極的平和（構造的暴力の除去）…結局、アインシュタイン博士の「世界政府」を作る他に妙案はない（ONE GOVERNMENT OR NONE）。
・「難民の地位に関する条約」「難民の地位に関する議定書」…第三十三条「ノン・ルフールマンの原則」…戦前の在リトアニア領事杉原千畝のユダヤ人難民に対する命のビザ発給
アフガン難民、アフリカ難民（フツ族等）、

三大感染症

HIV／エイズ

HIVとはヒト免疫不全ウイルスのことで、このウイルスに感染すると体内の免疫系が破壊され、病気に対する抵抗力が低下します。その結果、さまざまな感染症や悪性腫瘍にかかった状態をエイズ（AIDS）と言います。HIVは感染した人の血液・精液・膣分泌液に大量に含まれ、粘膜や傷口を通して感染します。HIV感染者のすべてがエイズになるわけでなく、適切な治療を受ければ普通に生活しながら暮らせます。

結核

結核菌によって肺が冒される感染症を結核と言います。結核菌の保有者は世界の人口の約3分の1と言われており、かつては日本の「国民病」と言われるぐらい感染者が多くいました。未だに3万人以上が発病しており、安心はできません。結核に感染してもすべての人が発症するわけでなく、結核になるのは全体の約2割程度と言われています。きちんと薬を飲み続ければ治ります。

マラリア

マラリアは、ハマダラカがヒトの血を吸うときに病原体が体内に入って感染する病気です。感染すると高熱や下痢になるのが特徴です。熱帯熱マラリア、三日熱マラリア、卵形マラリア、四日熱マラリア等があります。熱帯熱マラリアに罹ったときに治療が遅れると手遅れになって死亡する確率が高くなります。年間3～5億人がかかり、150～200万人が死亡していると言われています。特に、アフリカの子どもが犠牲になっています。

（出所：外務省）

ボートピープル、脱北者

・「ジュネーブ条約を含む国際人道法」…最近の紛争犠牲者、市民、傷病兵、捕虜の保護、

・「対人地雷禁止条約」（オタワ条約）…地雷貯蔵大国が未加盟（米国の地雷は一千万個、露五千万個、中国一・一億個、インド五百万個、パキスタン六百万個、韓国二百万個…犠牲者百二一か国で三十万から四十万人、特にアンゴラ、カンボジア、アフガンなど。

・「国連エイズ計画」（UNAIDS）…エイズ・ウィルス（HIV）感染者の累積数は六

千五百万人、死者二千五百万人、特にアフリカのサハラ以南の諸国（ボツアナ、南ア等）が多くて深刻である。これは世界の感染者の七割を占める。最近ではアジア諸国（タイ、中国、ロシア、インド等）へ蔓延中である。エイズの原因……売春、献血、母子感染、特効薬「ＡＺＴ」はあるが高価なのが問題。

・人身売買と売春禁止条約、婦人の参政権条約
・「ＤＰＲＫ」による「拉致」問題は重大な人権侵害である。解決方法如何？
「ピョンヤン宣言の実施」（二〇〇二年九月十七日）、「六者協議」（〇五年九月共同声明）以来開かれていないが〇七年二月開催された。
・日本総領事館へ脱北者拘束の為中国官憲闖入はウィーン条約第三十一条（公館の不可侵）違反
・日本の対ＤＰＲＫ制裁発動、国連安保常任委の制裁決議（〇六年十月十四日）、米国の金融制裁
・米国の「北朝鮮人権保護法」、無線ラジオの空中投下作戦？
・ＥＵが国連総会へ「ＤＰＲＫ人権蹂躙非難決議」を上程し、可決。
・大阪のＮＧＯが対ＤＰＲＫ無線放送開始（うずしお）
「人間の安全保障」の為の国際的な協力活動としては次のようなものがある。文化財の保護
・「国連開発計画」（ＵＮＤＰ）…九四年の「人間開発計画書」の中で、初めてこの考え方を提唱し

た。すなわち、内戦、犯罪、飢餓、地雷、環境破壊は個々人の生存を脅かすものであり、怪我、病気、失業、貧困、差別、抑圧などが身体的、経済的、社会的および政治的な問題で個々人の苦悩を深めていると、指摘した。

・この認識の上に立って、三つの課題と取り組む必要があると宣言した。すなわち、

第一……「欠乏からの自由」、これは「開発」を進めることである。

第二……「恐怖からの自由」、これは「安全保障」を確立することである。

第三……「次世代社会の環境の持続可能と人権保障」、これはまさに、持続（継続）性ある開発の思想（哲学）に繋がるものである。

・国連では上記課題に取り組むため「人間の安全保障基金」を日本の支援の下に設立した（九九年）。これは人間の安全保障への脅威を事前に除去しようとする「早期予防策」のためのものである。また、「人間の安全保障委員会」を発足させて、「最終報告書」を国連事務総長に提出させた（〇三年五月）。この最終報告書は事務総長より二人の人物が共同議長として指名された。すなわち、緒方貞子（元UNHCR、現JICA総裁）およびアマルティア・セン教授（ケンブリッジ大学、経済学でノーベル賞受賞）である。

「人間の安全保障」に対するわが国の具体的措置とは何か？

・上記の通り国連内に「人間の安全保障基金」を設置した。〇五年まで二五九億円を拠出した。
・上記の「人間の安全保障委員会」（委員十二名）の活動を支援している。
・「草の根・人間の安全保障の無償援助」を実施している。〇五年度予算百五十億円。
・「人間の安全保障諮問委員会」を創設した（議長は緒方貞子）。
・今後の活動は「最終報告書」の提言の実現のために、各国や国際機関やNGOと協力して「人間の安全保障」の理念の普及活動や「人間の安全保障」の現場における具体的実現のために尽力する。

三　ODA（政府開発援助）、唯一の外交カード

アマルティア・セン教授（ケンブリッジ大学、ノーベル賞受賞者、経済学）の経済発展の秘密についての次のような発言が示唆に富む（九九年七月、シンガポールにおけるセミナー）。

どうして途上国（明治維新の当時）の中だけで日本だけが近代化に成功したのか?　また、どうしてインドは中国に勝てないのか?　この二つの質問への回答は唯一つ、つまり「教育」である。日本は明治維新の時、既に識字

率が高かったので、欧米のお雇い外国人三千人を徹底的に活用し、かつ、使命感から学んだ人が自分の知識や技術を独占せず、他の仲間とこれを「分かち」あった。日本の場合、国民性として、江戸時代からの「貯蓄率」の高さも指摘できる。中国は「産児制限」「家族計画」で成功したが、インドはこの点で封建的な因習が災いして失敗した。

日本政府が九十二年に公表した「ODA(政府開発援助)大綱」は正しい援助哲学に基づいていると思う。

・すなわち、ODA(OFFICIAL DEVELOPMENT ASSISTANCE)は原則的に各被援助国の「自助努力」を側面から援助することにある。したがって、貧しい国にただ「魚」を贈るだけに止めず、今後、魚を自らの手で捕獲できるように「釣り針」を与え、魚の「釣り方」を教えてあげようという考え方である。小泉前首相が述べた「米俵百俵の使い方」の美談も同じ精神に基づくと言ってよいだろう。これを整理するとODAの三大基本方針は次のようになる。

第一……人道的な目的に使う。

第二……相互依存を考える。

第三……環境問題を考慮する。

・さらに、日本政府は新しい時代の趨勢に鑑みて〇三年に「新ODA大綱」(〇三年)を公表した。

これはかなりきめ細かい内容となって、より現実的、実践的に変身している。すなわち、
基本方針……国益重視、人間の安全保障と平和定着（紛争予防）、要請主義を否定し積極的関与へ
……ＪＩＣＡの独立性、外部審査の厳格化
重点課題……貧困削減、地球規模的問題（環境・食糧・エネルギー・感染症等）、平和構築
……人造り（ＣＡＰＡＣＩＴＹ　ＢＬＤＧ．）、経済構造調整、累積債務解決
重点地域……東アジア、南アジア
実施原則……環境と開発の両立、軍事用途や武器輸出等に注意をする、民主化促進に資するもの
……紛争地域を回避、人権保護状況を配慮する
・ここで、ではなぜ援助をするのか？の根本問題を考えてみたい。（資料ＪＩＣＡ　ＩＮＦＯ―ＫＩＴ，ＦＩＬＥ　Ａ―１）
人口増加や貧困、保健医療や教育などの社会インフラの未整備、環境破壊など、多くの問題を抱える開発途上国には世界人口の約八割が住んでいる。地球上の五人に一人が一日一ドル以下の収入という、苦しい生活にあえいでいる。こうした人々を助け、環境問題に代表される国境を超えた問題を解決するため、国際社会は力を合わせて国際協力に取り組んでいる。国際協力の歴史は第二次世界大戦後、戦災で疲弊したヨーロッパに対してアメリカが行った復興援助、すなわち、「マーシャル・プラン」に始まる。現在、経済大国である日本自身も、戦後の復興期にはアメリカによる食料

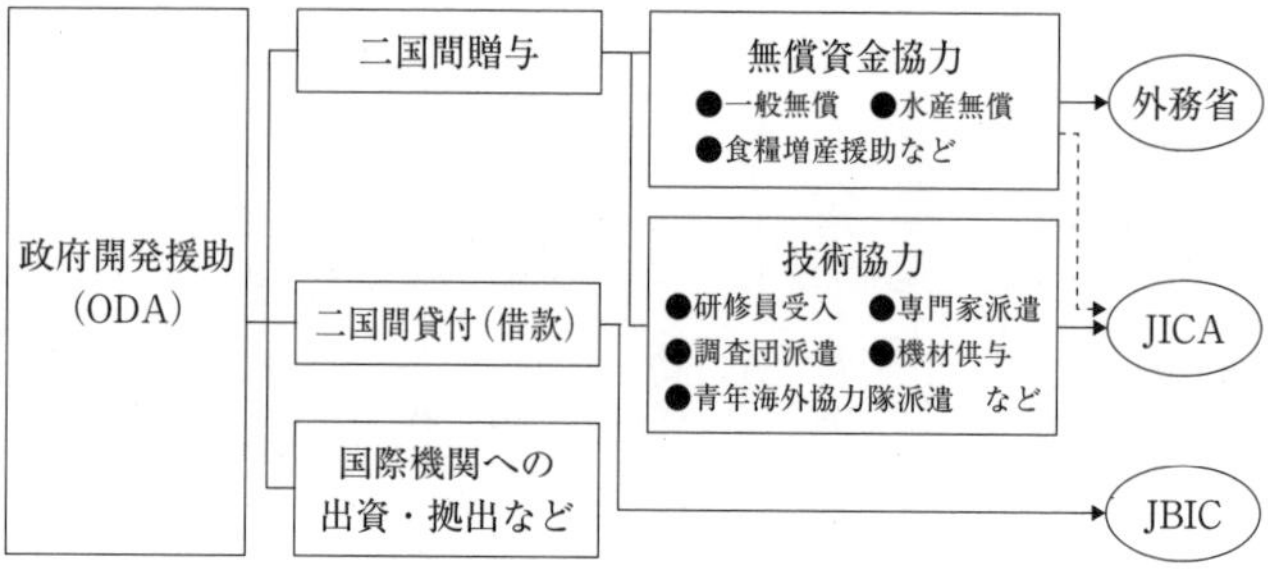

図12－3　ODAの形態別分類
出所：外務省

や肥料や留学生援助など様々な物資や資金の贈与を受けた。また、世界銀行からの借款によって、新幹線、黒四ダム、東名名神ハイウェー、昭和用水など、経済インフラの整備を図り、今日の繁栄の基礎を築くことができた。世銀への返済もつい最近の九十年に終えた。今や世界第二位の経済力を誇る日本だが、わが国の繁栄は一国だけで成し得るものではない。資源小国の日本は様々な物資を開発途上国から輸入しており、各国々の安定がわが国、ひいては世界の安定につながる。日本がこうして国際協力を行うことは国際社会の一員としての責務でもある。

ＯＤＡ等援助体制の仕組み

現在のわが国のＯＤＡ（政府開発援助）の流れと実施機関は次のとおりである。

・ＯＤＡ（政府開発援助）

イ、二国間贈与…無償資金協力（一般無償・水産無償・食糧援助・文化無償・草の根無償）

無償資金協力と有償資金協力の役割は？

特に貧しい国を対象に、返済する必要のない資金を援助するもので、途上国の人々の生活水準の向上に役立つ病院や水道などを整備したり、「より多くの子どもたちが教育を受けられるように学校建設などに役立てられているんだ。

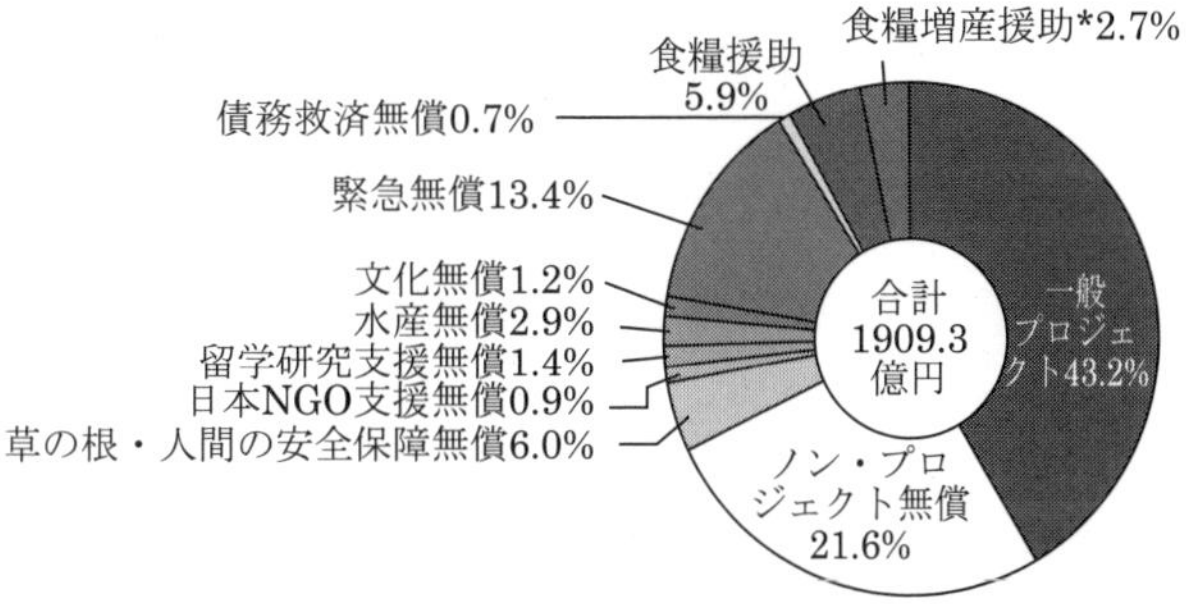

途上国の開発に必要な資金を、返済が負担にならないように、低金利で長期に分割して返済できるように、緩やかな条件で貸し出しているんだよ。円借款は、国際協力銀行（JBIC：Japan Bank for International Cooperation／ジェイビック）が担当しているんだよ。

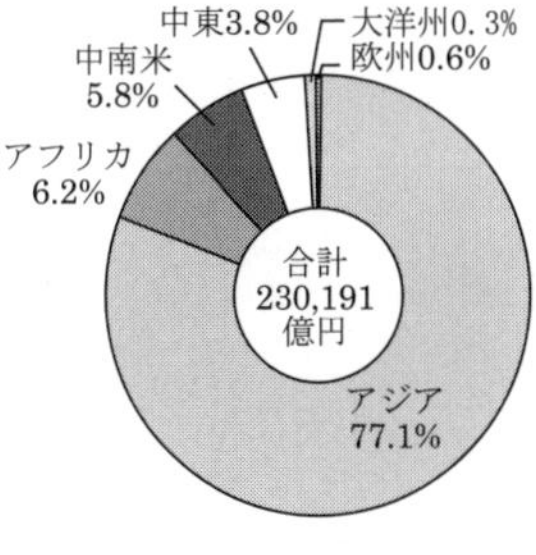

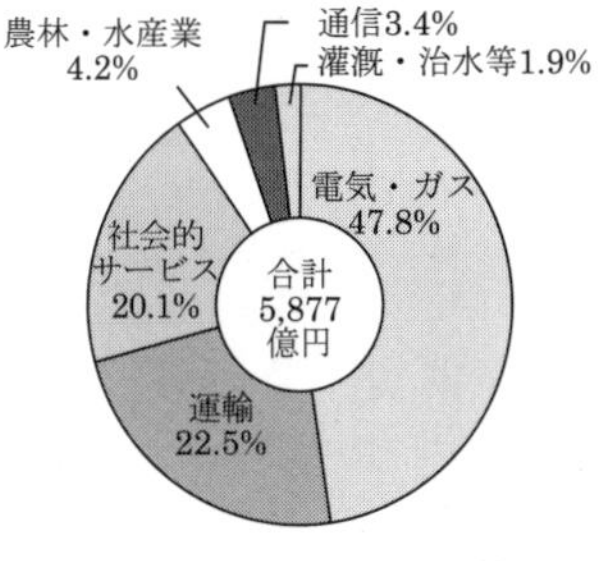

（出所：外務省）

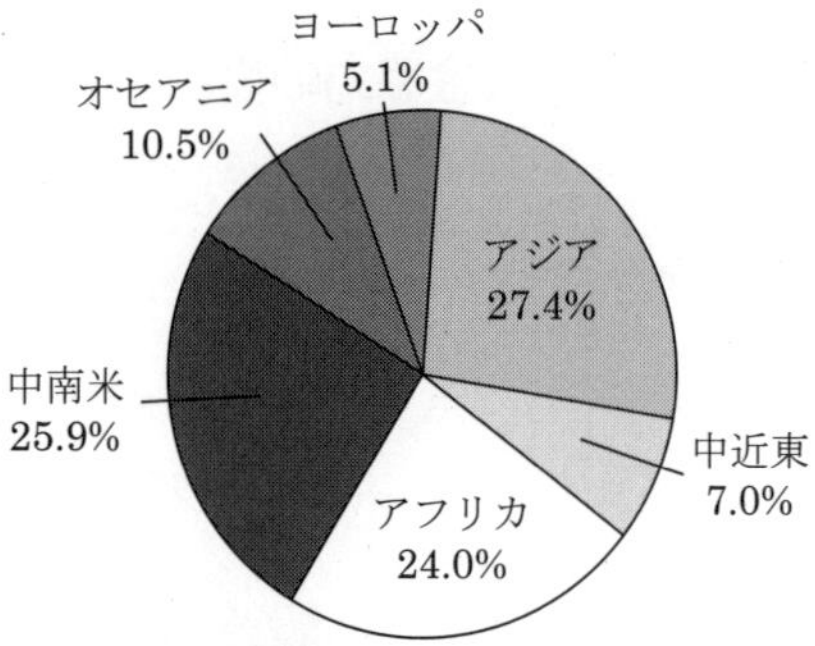

図12－4　派遣中の国の状況（2002年11月30日現在）

…外務省経済協力局（註）

…技術協力（研修員受入・専門家派遣・調査団派遣・機材供与・青年海外協力隊派遣JOCVなど）

…JICA（国際協力機構・JAPAN INTERNATIONAL COOPERATION AGENCY）（註）

（註）青年海外協力隊（JAPAN OVERSEAS COOPERATION VOLUNTEERS）は〇〇年現在累積約二万人、派遣国七二か国、〇〇年現在で派遣国六一か国隊員二四八三名（女性一二六六名、男性一二一七名）、〇一年統一地方選挙でOB隊員立候補九名全員当選、〇二年現在、町長・地方自治体議員数二三名。

ロ、二国間貸付（円借款）…国際協力銀行（JBIC＝JAPAN BANK FOR INTERNATIONAL COOPERATION）…長期低利貸付業務

ハ、国際機関（国連等）への出資・拠出など

（註）国際機関の「経済協力開発機構（OECD）」の中にある「開発援助

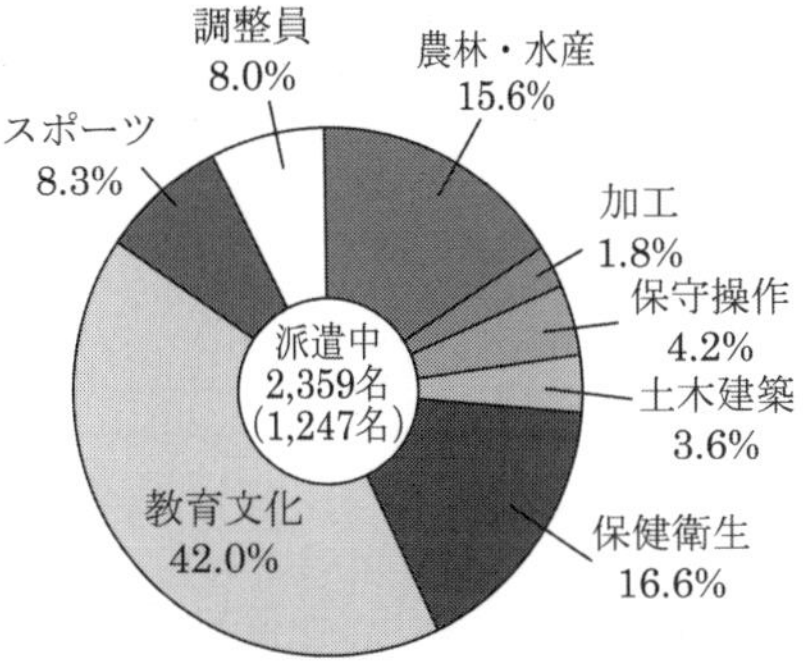

図12－5　協力隊員部門別派遣実績（2002年11月30日現在）

注）人数には、一般隊員、一般短期緊急、シニア隊員、シニア短期緊急、調整員を含む。（　）内は女性隊員内数）

出所：外務省

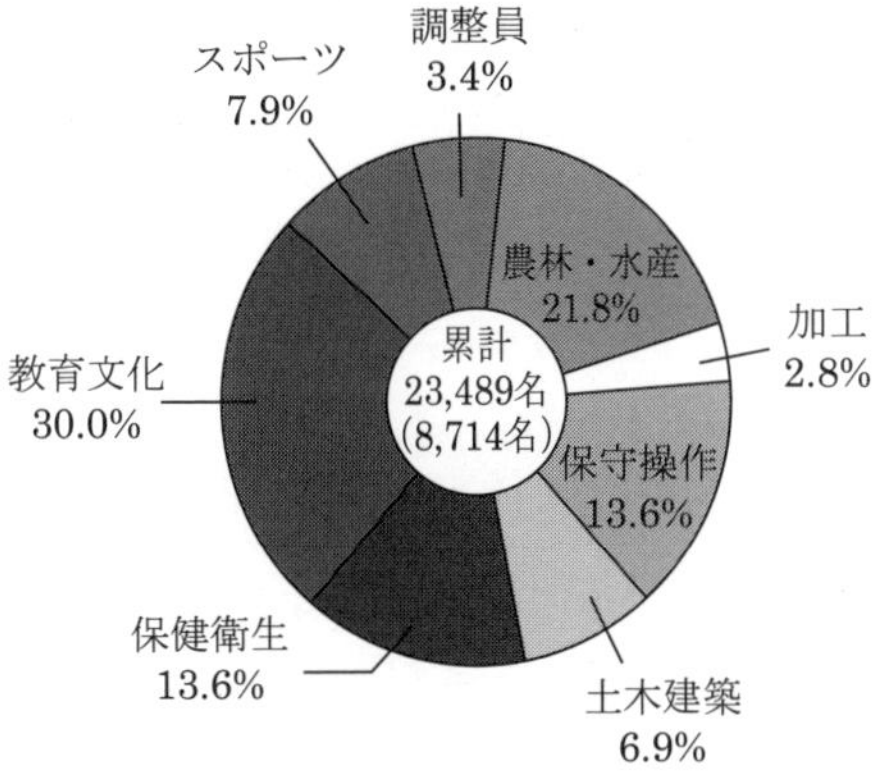

図12－6　協力隊員部門別派遣実績（2002年11月30日現在）

注）人数には、一般隊員、一般短期緊急、シニア隊員、シニア短期緊急、調整員を含む。（　）内は女性隊員内数）

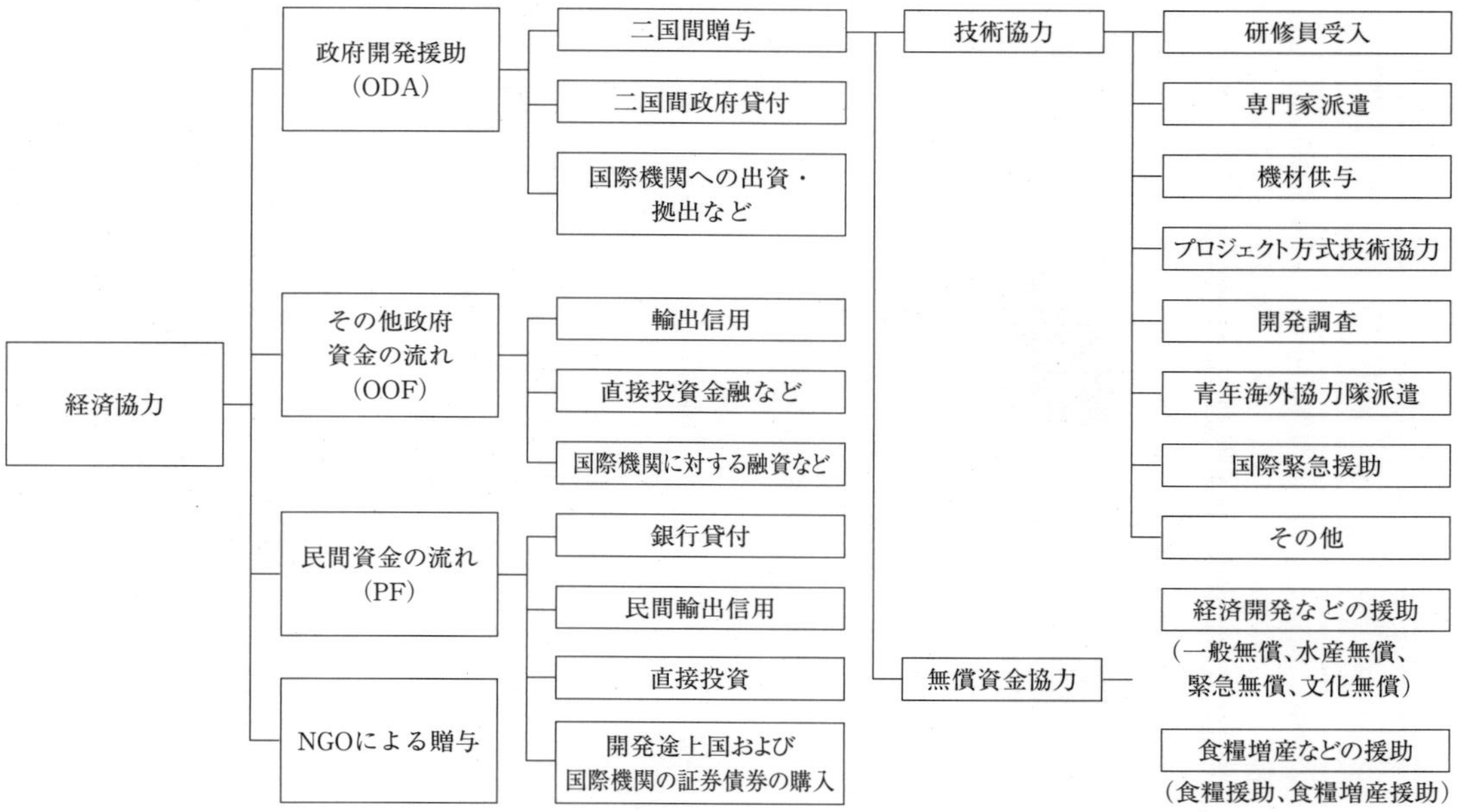
経済協力
政府開発援助
(ODA)
その他政府
資金の流れ
(OOF)
民間資金の流れ
(PF)
NGOによる贈与
二国間贈与
二国間政府貸付
国際機関への出資・
拠出など
輸出信用
直接投資金融など
国際機関に対する融資など
銀行貸付
民間輸出信用
直接投資
開発途上国および
国際機関の証券債券の購入
技術協力
無償資金協力
研修員受入
専門家派遣
機材供与
プロジェクト方式技術協力
開発調査
青年海外協力隊派遣
国際緊急援助
その他
経済開発などの援助
(一般無償、水産無償、
緊急無償、文化無償)
食糧増産などの援助
(食糧援助、食糧増産援助)

図12－7　経済協力と政府開発援助
出所：外務省

委員会（DAC）」は資金協力について「グラント・エレメント」が二五％以上あることとしている。なお、贈与（GRANT）は百％で、援助条件の緩和度を示す指標である。

・その他の援助体制

イ、国際交流基金（JF＝JAPAN　FOUNDATION）…外務省外郭団体・文化事業協力・日本研究者等招聘・日本文化の展示や公演実施・外国文化紹介援助

ロ、経済産業省…JETRO（海外市場調査等）、輸出保険付与業務、アジア経済研究所

ハ、財務省…アジア開発銀行等・財政金融研究所等

ニ、外務省…国際問題研究所

ホ、その他各省…労働省・法務省・警察庁・農水省・国土交通省等

ホ、NGO…最近はODAを資金の一部補助の形で供与（贈与等）している。

へ、民間資金…輸出信用・直接投資・銀行貸付・証券債権購入・経済金融研究・研修生受入

ODA実績

・わが国二国間ODAの地域的配分（九九年―〇三年）

アジア　五五％―六三％、中近東　八％―五％、アフリカ　一〇％―一一％、

中南米　八％―六％、大洋州二％―二％、欧州　一％―二％

表12－2　DAC22か国中上位10か国（2004年）

順位	国	実績（ドル）	シェア（%）
1	米国	197.0	24.8
2	日本	89.1	11.2 （02年15.9%、03年12.9%）
3	フランス	84.7	10.7
4	英国	78.8	9.9
5	ドイツ	75.3	9.5
6	オランダ	42.0	5.3
7	スエーデン	27.2	3.4
8	カナダ	26.0	3.3
9	イタリア	24.6	3.1
10	スペイン	24.4	3.1
DAC　22か国計		795.1	100

・わが国二国間援助の分野別配分（九九年）

経済インフラ　三二・七%、社会インフラ・サービス二四・八%、生産セクター　八・四%

マルチ・セクター　六・〇%

・日本が最大の援助供与国となっている国は四五か国（九九年）

例えば、中国、モンゴル、アセアン十か国、南アジアの大半、中央アジア、ブラジル、アルゼンチン、パラグアイ、ガーナ、ボツアナ、サウジアラビア等

・日本は約十年間ODA供与国として第一位の座を占めていた（二〇〇一年まで）。

・対GNP比（九九年・%）……日本　〇・三五（二一か国中七位）（註）、米国　〇・一〇、仏国　〇・三九、オランダ　〇・七九、デンマーク　一・〇一、スエーデン　〇・七〇、ノルウェー　〇・九一、豪州〇・二六

DAC平均　〇・三九%、DACの目標値　〇・七〇%、

表12－3　日本の２か国間DAC供与国（2004年）

順位	国	実績（億ドル）	シェア（%）
1	中国	9.65	16.2
2	イラク	6.62	11.1
3	ベトナム	6.15	10.3
4	マレーシア	2.57	4.3
5	フィリッピン	2.11	3.6
6	スリランカ	1.80	3.0
7	アフガニスタン	1.73	2.9
8	パキスタン	1.34	2.3
9	カザフスタン	1.31	2.2
10	ガーナ	1.15	1.9
途上国計		59.5	100

表12－4　日本の２か国間DAC供与国（2003年）

順位	国	実績（億ドル）	シェア（%）
1	インドネシア	1141.8	19.0
2	中国	759.7	12.6
3	フィリッピン	528.8	8.8
4	ベトナム	484.2	8.1
5	インド	325.8	5.4
6	パキスタン	266.2	4.4
7	スリランカ	172.3	2.9
8	カザフスタン	136.3	2.3
9	アフガニスタン	134.4	2.3
10	カンボジア	125.9	2.1
途上国計		6013.7	100

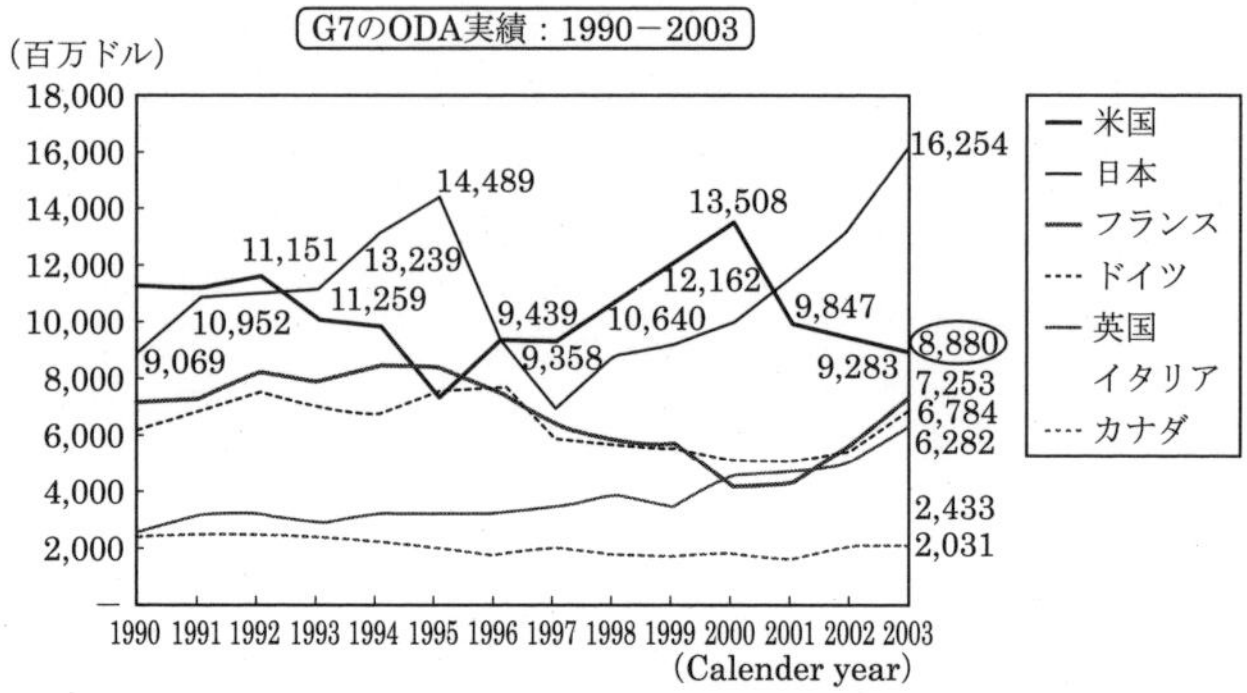

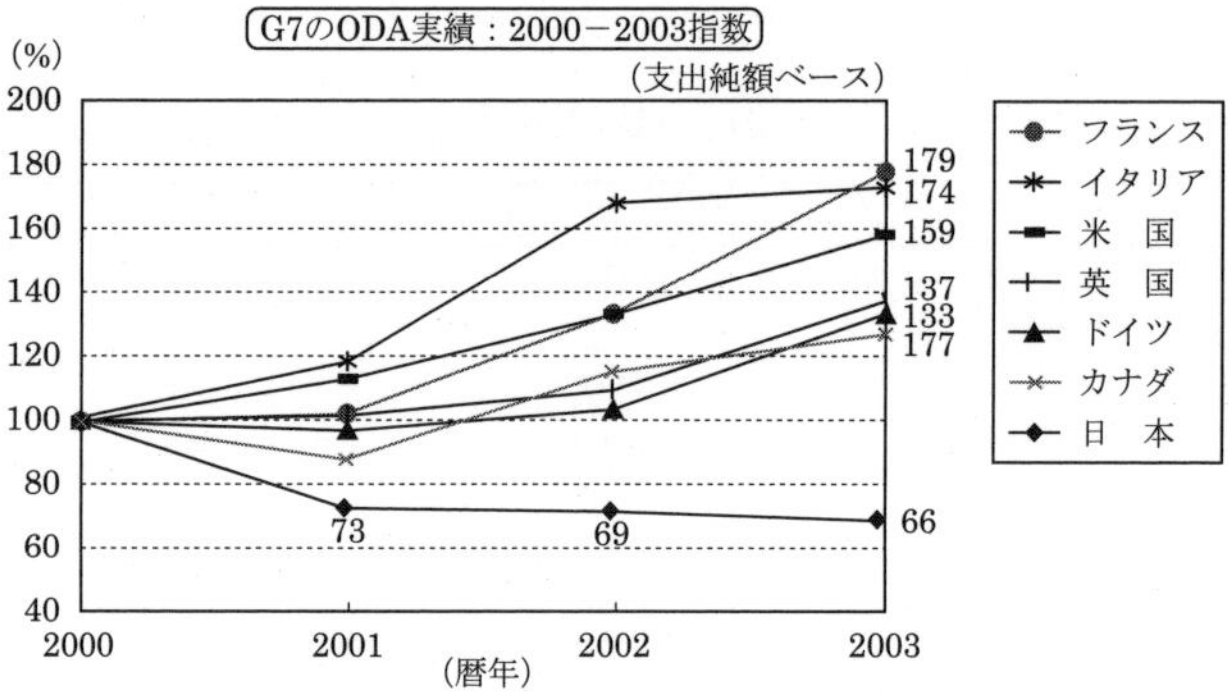

仏：2007年までにODAの対GNP比0.5%、2012年までに0.7%を実現。
伊：2006年までにODAの対GNP比0.33%を実現
米：「ミレニアム挑戦会計（MCA）」将来的に、年額50億ドルまで増額。年度は30億ドル増額要求中。
英：2005年までにODAの対GNP比0.4%、2013年までに0.7%を実現。
独：2014年までにODAの対GNP比0.7%を実現。
カナダ：国際支援を毎年少なくとも8%増額し、8～9年後には現在の2倍にする。

図12－8　主要援助国はODAを増加させている
出所：外務省2004年資料

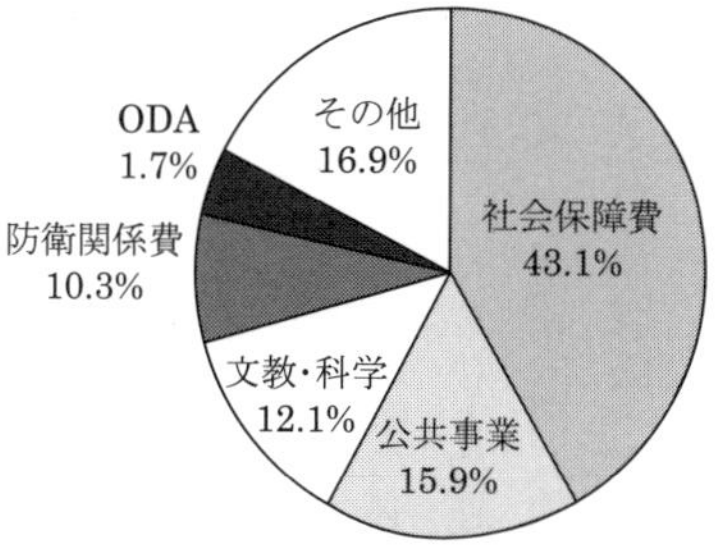

図12－9　平成17年度一般歳出における主要経費割合
出所：外務省2004

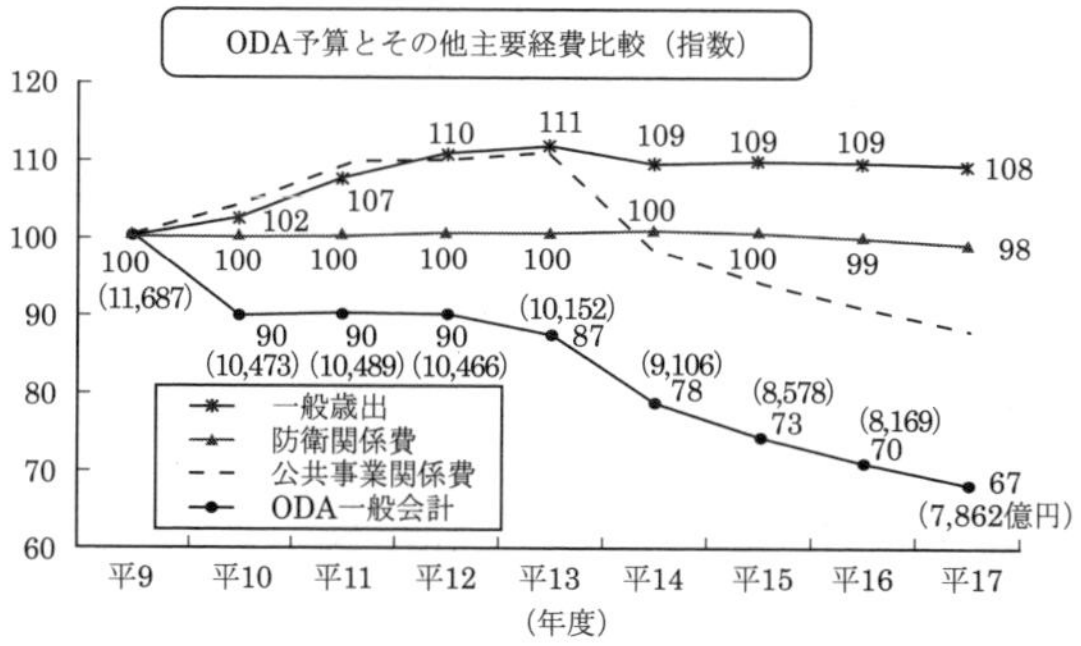

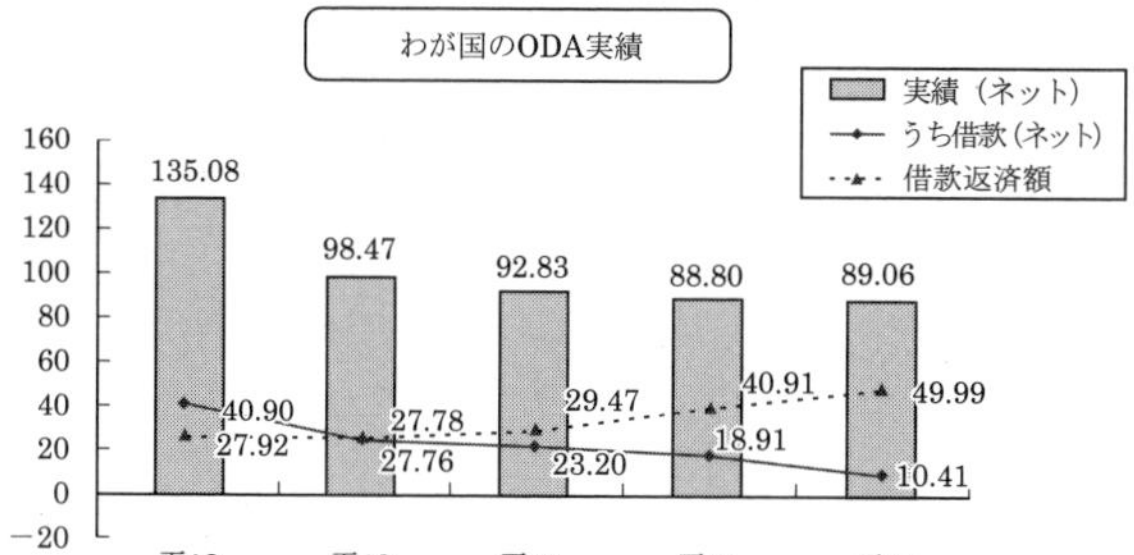

図12－10　わが国のODA予算・実績は大幅に減少
出所：外務省2004

（註）〇五年の対GNI比は〇・二八％（〇・一九％？）でDAC二二カ国中一七位
・国民一人当たりの負担額（九九年、ドル）……日本$一二一、米国$三四、仏国$九五、オランダ$一九八、デンマーク$三二六、スエーデン$一八四、ノルウェー$三〇七、スイス$一三六、豪州$五二、ルクセンブルグ$二七七

わが国ODAの問題点―今後の課題

第一……財政支出抑制（中国は〇八年で卒業か？小泉首相発言　〇四年、ラオス）
第二……理念や実施体制の見直し（援助庁構想・総理官邸指導型・官房長官の下に「海外経済協力に関する検討会」が〇五年末発足した）
第三……中期政策の必要性（「量」から「質」へ）
第四……NGOとの連携強化
第五……情報公開（地元住民参加が必要）（インドのダム建設中止・インドネシアのコトパンジャム・ダム住民訴訟・タイ廃棄物処理センターへの住民抗議等）

NGO（＝非政府機関）（NPO＝非営利機関）の対外援助活躍

歴史
・人道支援と文化交流が当初の活動であった。赤十字国際委員会や国際オリンピック委員会が代表例

である。第一次世界大戦直前で約一三五団体、第二次世界大戦直前で約四百団体を記録している。冷戦から人類を守るため活躍した。国連経済社会理事会、ユネスコ、ＩＬＯ等はＩＮＧＯと密接な協力を行った。また、国連が「世界人権宣言」（一九四八年）を発表し、

・「一つの世界」（ＯＮＥ　ＥＡＲＴＨ　ＯＲ　ＮＯＮＥ）という理想を目指し、原子力禁止要求運動（五十年代）を行い、「パグウオッシュ会議」（一九五七年）をアインシュタインや湯川秀樹等が東西両陣営の科学者の交流を呼びかけた。アメリカのクエーカー団体やフレンド奉仕団がソ連や東欧の市民との交流を図った。

・「アムネスティ・インターナショナル」（一九六一年）がロンドンで創設され、良心の囚人の救済のため活動を開始し、ノーベル平和賞を受賞（七七年）した。

背景

冷戦が沈静化（八九年）した後に輩出した諸問題に対応するため、ＮＧＯの役割は不可欠であり、特に、深刻化する環境問題やエネルギー不足問題やテロリズム対策や宗教的原理主義問題など複雑な課題が後を絶たない。

市民の国家や政府に対する不信感が生まれ、米国のベトナム戦争やウォーターゲート事件など「権力者の驕り」への批判が生まれ、政治汚職の表面化が政府の正統性を問題視するような傾向が生ま

れた。「小さな政府」へ傾斜していった。また、東側陣営や途上国の官僚層の硬直化が表面化してきた。国家権力に対立する団体が登場してきた。「グリーンピース」がフランスの太平洋海底核実験実施に反対するデモを展開した。また、「国境なき医師団」がスーダンやソマリアで救済活動を行った。

最近の活動

・NGOは次世代のパートナーとして期待されており、近年ますます国際舞台での発言力が強くなる。
・国連開発会議「リオ・サミット」（九二年）の際、国際NGOが「グローバル・サミット」を開催した。百五十か国から二千以上のNGOが参加した。また、各種国際会議には政府代表に加えてINGO代表（INGO＝INTERNATIONAL　NGO）が出席している。「INGO」は現在約三万団体あり、環境、人権、女性問題、開発援助等で活躍し、平和の重要な担い手となっている。武力は行使せず、営利事業を行わず、寄付金のみで奉仕活動に専念している。
・WTOシアトル会議（九九年）で世界各地から参集した七七六団体がグローバリゼーション反対運動を展開した。IMFワシントン会議反対デモ、G8ジェノバ会議「G」反対デモ、WTO香港会議反対デモ（〇五年）

ＮＧＯを通じた各国の支援規模（〇三年）
・米国＄六三・三億ドル、ドイツ＄一〇億、カナダ＄五億、英＄四億、日本＄三・四億
・主要外国勢……ワールド・ヴィジョン、アムネスティ・インターナショナル、グリーン・ピース、ＯＸＦＡＭ
・ワールド・ヴィジョン年収＄一五億ドル、日本最大の「ＯＩＳＣＡ」＄〇・一億ドル

日本のＮＧＯ活動
・日本のＮＧＯ支援＄三・四億ドル（〇三年）
・ＮＧＯ数……三五四団体、十年前に比べて二倍へ増大した。
・小規模無償資金援助制度の発足（八九年）、インド洋ツナミやスリランカ復興事業（漁業）についての提案依頼を「ＪＢＩＣ」より受けた。
・「ケア・ジャパン」…（文房具は子供達の宝物）
「シャンティ国際ボランティアの会（ＳＶＡ）」…（夢を育むお話と絵本の世界）
「アムネスティ・インターナショナル日本支部」…（すべての人が持つ権利について）
「ワールド・ヴィジョン・ジャパン」…（戦争で一番苦しむのは誰か）
「ＪＨＰ・学校を作る会」…（世界中の子供に送る言葉と力）

「シャプラニール・市民による海外協力の会」…（進歩するコミュニティが村を変える）
「ＯＩＳＣＡ」…（官民の力が育む飢餓の島の新産業）
「日本ハンガー・プロジェクト／ＴＨＰジャパン」…（すべてのアフリカ女性の手に職を）
「ミコノＴＡＣ」…（アフリカの渇きを救う井戸掘り救援隊）
「国際ボランティアの会・ＩＶ」…（「ＦＯＲ」でなく「ＷＩＴＨ」の精神を）
「日本のＮＧＯが抱える問題」
・脆弱な財政基盤の強化が必要である。
・専門性の確率が必要である。外国ＮＧＯ団体には年収一千万円の職員がいる。
・人材が不足している。将来は「アマ」か「プロ」への転換・選択が必要である。
移住問題—日系人約一三〇万人（伯・米・亜・墨・ペルー・パラグアイ・ボリビア等）

参考文献

「異文化との接点で」時事通信社編
「外交白書（二〇〇六版）」外務省編
「VIVA！カナリア」拙書・創土社
「異文化間コミュニケーション入門」鍋倉健悦著　丸善出版事業部
「文明の衝突」サミュエル・ハンチントン著　集英社
「タテ社会の人間関係」中根千枝著　講談社現代新書
「美しい国へ」安倍晋三著　文芸春秋
「甘えの構造」「続　甘えの構造」土居健郎著　弘文堂
「菊と刀」ルース・ベネディクト女史著
「アジア情勢を読む地図」浅井信雄　新潮文庫
「醜い韓国人」朴テヒョク
「韓国人の歴史観」黒田勝弘著
「角が立つ韓国人、丸く治める日本人」王秀英著
「初めて住んで分かる違い」田丸伸治著
「等身大の韓国人、等身大の日本人」三養食品会長
「韓国人が死んでも日本に追いつかない十八の理由」百瀬格著　文芸春秋
「親日派のための弁明」金ワンソプ著・草思社

「米日韓・反目を超えた提携」ヴィクター・チャ著・有悲閣
「韓国日本大使館より」町田貢著・文芸春秋
「頑固な中国人、曖昧な日本人」孔健著
「中国が嫌われる七つの理由」黄文雄著
「手に取るように中国のことがわかる本」アジア太平洋政策研究会議編
「本当は日本に憧れる中国人」王敏著・ＰＨＰ新書
「五分野から読み解く現代中国」家近亮子・唐亮・松田康博共著・晃洋書房
「やがて中国との戦いが始まる」ロス・マンロー著
「日本はもう中国に謝罪しなくていい」馬立誠著・文芸春秋
「日本人への伝言」マハティール著
「沈黙の春」レイチェル・カーソン女史著
「ＮＧＯの世紀」杉下恒夫著・都市出版社

あとがき

㈱大学教育出版の佐藤守氏の励ましを得て、TVタレントのサンコンさんが日本語の中で一番好きな言葉だという「もちつもたれつ」を本書のタイトルとして使わせてもらったが、日本を中心として対外関係論を簡潔に述べることは意外に難しかった。それでも過去六年間の本大学における授業経験や外務省勤務や国際協力機構（JICA）アドバイザーの経験談を随所に入れてゆくうちに幸い楽しい作業に変質した。内容が不十分で文章も当初の構想に比べてかなり硬い表現に堕してしまったような気がする。この点は将来機会があれば改めたいと思っている次第である。

日本は言うまでもなく資源小国、軍事小国であるから、徹底した商人国家として生きてゆく以外に方法はない。軍事力以外の「ソフト・パワー」の強化が何よりも期待される。情報機関の徹底的な充実が先決だろう。また、外務省の抜本的な機能強化も緊急課題である。これに関連して三つほど提案したい。

第一……外務大臣は「副総理格」の人物が必要である。他の閣僚より一頭抜きん出た地位が望ましい。具体的には「内閣官房長官＝外務大臣」という形が理想的である。これにより対外的政策の総合調整が可能となる。この意味で「NSC」（国家安全保障会議）の創設は大歓迎である。

第二……第一の結果、対「財務省」との予算折衝が合理的に進められる。現在の「財務省」の対外務省予算査定には随分きびしいものがある。このため重要な対外的な国益が犠牲となって失われている。

第三……人材の確保を「ＡＬＬ　ＪＡＰＡＮ」で実現するべきであろう。このためのリクルートの仕組みとか待遇等を十分に検討する必要がある。もっと大規模なシステマティックな学者やＮＧＯからの採用、公募採用等があろう。

以上のような「もちつもたれつ」の努力の過程で、世界各地とのよい仲間社会ができ、その関係の中で賢明に、そして誠実にお付き合いを重ねていってこそ日本の活路が見えてくる。そのためには何よりも「平和」が最重要である。したがって、平和の構築、安全保障の確保のためには如何なる代償を払っても惜しくない。特に予防外交およびインテリジェンスの重要性を強調しておきたい。これが筆者の信念である。繰り返して言う。日本は「ひよわな花ずる（ＦＲＡＧＩＬＥ　ＦＥＳＴＯＯＮ）」に過ぎない。そのためには知恵を絞り、汗をかくしかない。

その重責を具体的に担うのが若き学徒であり、若い社会人であり、特に近年社会進出の著しい女性の面々である。これらの明日を荷う若い日本人達が小生の著書から何かを汲んでいただければ望外の喜びである。

二〇〇七年三月

船越　博

■著者紹介

船越　博（ふなこし　ひろし）

1936年生まれ。島根県出身。

1960年4月より2000年3月まで40年間外務省勤務。その間本省（アジア局、文化交流部、領事移住部）、在外公館（5大陸11か所）勤務。

2000年5月～2004年3月、独立行政法人日本国際協力機構（JICA）アドバイサー。

2001年4月、関西外国語大学教授（国際政治学、地域研究（アジア、環太平洋、異文化コミュニケーション等）就任、現在に至る。

主な著書
「VIVA！カナリア」（創士社）
「ガンジス河」（新風社）
「南米のヘソ」（創士社）

地球はもちつもたれつ

2007年4月20日　初版第1刷発行
2009年10月20日　初版第2刷発行

■著　　者――船越　博
■発 行 者――佐藤　守
■発 行 所――株式会社大学教育出版
〒700－0953　岡山市南区西市855－4
電話（086）244－1268㈹　FAX（086）246－0294
■印刷製本――モリモト印刷㈱
■装　　丁――リンズ・スタジオ

ISBN978－4－88730－758－2